Glencoe Spanish 2

¡Buen viaje!

Student Tape Manual
Teacher Edition

Protase E. Woodford
Conrad J. Schmitt

Mc Graw Hill **Glencoe McGraw-Hill**

New York, New York   Columbus, Ohio   Chicago, Illinois   Peoria, Illinois   Woodland Hills, California

Glencoe/McGraw-Hill

A Division of The McGraw·Hill Companies

Copyright by The McGraw-Hill Companies, Inc. All rights reserved. Except as
permitted under the United States Copyright Act, no part of this publication
may be reproduced or distributed in any form or by any means, or stored
in a database or retrieval system, without the prior permission of the publisher.

Send all inquiries to:
Glencoe/McGraw-Hill
8787 Orion Place
Columbus, OH 43240

ISBN 0-07-829183-6 (Teacher Edition, Student Tape Manual)

ISBN 0-07-829182-8 (Student Edition, Student Tape Manual)

Printed in the United States of America.

2 3 4 5 6 7   045   08 07 06 05 04 03

CONTENIDO

CANCIONES

The following selections can be heard on the Song Cassette located in the **Glencoe Spanish**, Level 2, Audiocassette binder.

Las mañanitas
Éstas son las mañanitas,
Que cantaba el rey David,
Pero no eran tan bonitas,
Como las cantan aquí.

Despierta, mi bien, despierta,
Mira que ya amaneció.
Ya los pajarillos cantan,
La luna ya se metió.

Cielito lindo
Ese lunar que tienes, cielito lindo,
Junto a la boca,
No se lo des a nadie, cielito lindo,
Que a mí me toca.

Ay, ay, ay, ay,
Canta y no llores,
Porque cantando,
Se alegran cielito lindo,
Los corazones.

De colores
De colores, de colores
Se visten los campos en la primavera,
De colores, de colores
Son los pajarillos que vienen de fuera,
De colores, de colores es el arco iris
Que vemos lucir,
Y por eso los grandes amores
De muchos colores me gustan a mí,
Y por eso los grandes amores
De muchos colores me gustan a mí.

Guantanamera
Yo soy un hombre sincero,
De donde crece la palma.
Yo soy un hombre sincero,
De donde crece la palma,
Y antes de morirme quiero,
Echar mis versos del alma.

Guantanamera, guajira, Guantanamera,
Guantanamera, guajira, Guantanamera.

Mi verso es de un verde claro,
Y de un carmín encendido,
Mi verso es de un verde claro,
Y de un carmín encendido,
Mi verso es un ciervo herido,
Que busca en el monte amparo.

Guantanamera, guajira, Guantanamera,
Guantanamera, guajira, Guantanamera.

Eres tú
Como una promesa eres tú, eres tú,
Como una mañana de verano,
Como una sonrisa eres tú, eres tú.
Así, así, eres tú.

Toda mi esperanza eres tú, eres tú,
Como una lluvia fresca de mis manos,
Como fuerte brisa eres tú, eres tú,
Así, así, eres tú.

Eres tú como el agua de mi fuente,
Eres tú el fuego de mi hogar.

Como mi poema eres tú, eres tú,
Como una guitarra en la noche,
Como mi horizonte eres tú, eres tú,
Así, así, eres tú.

Como una promesa eres tú, eres tú,
etc.

San Fermín
Uno de enero, dos de febrero,
Tres de marzo, cuatro de abril,
Cinco de mayo, seis de junio,
Siete de julio, ¡San Fermín!

Me he de comer esa tuna
Guadalajara en un llano
México en una laguna,
Guadalajara en un llano
México en una laguna.
Me he de comer esa tuna,
Me he de comer esa tuna,
Me he de comer esa tuna,
Aunque me espine la mano.

Dicen que soy hombre malo
Malo y mal averiguado.
Dicen que soy hombre malo
Malo y mal averiguado.
Porque me comí un durazno,
Porque me comí un durazno,
Porque me comí un durazno,
De corazón colorado.

El águila siendo animal
Se retrató en el dinero.
El águila siendo animal
Se retrató en el dinero.
Para subir al nopal,
Para subir al nopal,
Para subir al nopal,
Pidió permiso primero.

Quizás, quizás, quizás

Siempre que te pregunto,
Que cuándo, cómo y dónde,
Tú siempre me respondes,
    quizás, quizás, quizás...
Y así pasan los días,
Yo yo desesperando,
Y tú, tú contestando,
    quizás, quizás, quizás...
Estás perdiendo el tiempo,
Pensando, pensando,
Por lo que tú más quieras
Hasta cuándo,
Hasta cuándo...
Y así pasan los días,
Y yo desesperando,
Y tú, tú contestando,
    quizás, quizás, quizás.

La última noche

La última noche que pasé contigo,
La llevo guardada como fiel testigo,
De aquellos momentos en que fuiste mía
Y hoy quiero borrarla de mi ser...
La última noche que pasé contigo
Quisiera olvidarla pero no he podido,
La última noche que pasé contigo,
Tengo que olvidarla de mi ayer...
    ¿Por qué te fuiste,
    Aquella noche,
    Por qué te fuiste,
    Sin regresar?
    Y me dejaste,
    Aquella noche,
    Como recuerdo
    De tu traición...
La última noche que pasé contigo,
La llevo guardada como fiel testigo,
De aquellos momentos en que fuiste mía.
Y hoy quiero borrarla de mi ser.
Y hoy quiero borrarla de mi ser.

El reloj

Reloj, no marques las horas,
Porque voy a enloquecer,
Ella se irá para siempre,
Cuando amanezca otra vez.
No más nos queda esta noche,
Para vivir nuestro amor,
Y su tic-toc me recuerda
Mi irremediable dolor.
Reloj, detén tu camino,
Porque mi vida se apaga,
Ella es la estrella que alumbra mi ser,
Yo sin su amor no soy nada.
Detén el tiempo en tus manos,
Haz esta noche perpetua,
Para que nunca se vaya de mí.
Para que nunca amanezca.
Para que nunca amanezca.
Para que nunca amanezca.

Canción mixteca

Qué lejos estoy del suelo donde he nacido,
Inmensa nostalgia invade mi pensamiento,
Y al verme tan solo y triste cual hoja al viento,
Quisiera llorar, quisiera morir
    de sentimiento. *(Repite)*

¡O tierra del sol!
suspiro por verte,
Ahora qué lejos
yo vivo sin luz, sin amor,
Y al verme tan solo y triste cual hoja al viento,
Quisiera llorar, quisiera morir
    de sentimiento.

El quelite

Qué bonito es el quelite
Bien haya quien lo sembró,
Que por sus orillas tiene
De quien acordarme yo.

Mañana me voy, mañana,
Mañana me voy de aquí.
Y el consuelo que me queda,
Que se han de acordar de mí.

Camino de San Ignacio
Me dio sueño y me dormí.
Y me despertó un gallito
Cantando quiquiriquí.

Mañana me voy, mañana,
Me voy por el nacional,
Adiós muchachas bonitas,
De esta hermosa capital.

Un viaje en tren

PRIMERA PARTE

Vocabulario

 Actividad A Listen and repeat. *(Vocabulario, Palabras 1—Textbook, pages 2–3)*
(STM, page 1) (Cassette 2A/CD 2, Track 1)

Listen and repeat after the speaker.

EN LA ESTACIÓN DE FERROCARRIL
el tablero de llegadas
el tablero de salidas
el quiosco
la sala de espera
el horario

la vía
el mozo, el maletero
el tren
el vagón, el coche
el andén
la bolsa
la maleta
el equipaje

—Un billete para Madrid, por favor.
—¿En primera o en segunda?
—En segunda—de ida y vuelta.

la ventanilla
el billete sencillo
el billete de ida y vuelta

La señora hizo un viaje.
Hizo el viaje en tren.
Tomó el tren porque no quiso ir en carro.
Subió al tren.

El mozo vino con el equipaje.
El mozo puso el equipaje en el tren.

Los mozos ayudaron a los pasajeros con su equipaje.

El tren salió del andén número cinco.
Algunos amigos estuvieron en el andén.

Actividad B Listen and choose.
(STM, page 1) (Cassette 2A/CD 2, Track 2)

Look at the illustrations on your activity sheet. You will hear five statements, each describing one of the illustrations. Write the number of the statement under the illustration it describes.

1. Voy a comprar los billetes.
2. Necesito ayuda con mis maletas.
3. ¿A qué hora va a salir nuestro tren?
4. Quiero comprar algo para leer en el tren.
5. ¡Vamos! Ya es la hora. El tren va a salir dentro de poco.

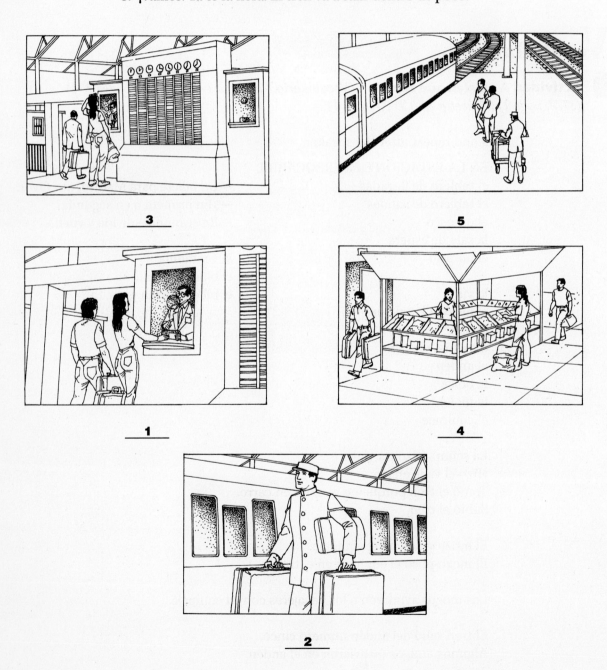

3

5

1

4

2

Actividad C Listen and choose.
(STM, page 1) (Cassette 2A/CD 2, Track 2)

You will hear six questions, each followed by three possible answers. Choose the correct answer and circle *a, b,* or *c* on your activity sheet.

1. Dónde espera la gente el tren?
   a. Lo esperan allí en la ventanilla.
   b. En el quiosco en la sala de espera.
   c. Pueden esperar en la sala de espera o en el andén.

2. ¿Dónde despachan los billetes?
   a. Tengo los billetes en la maleta.
   b. Los venden en la ventanilla.
   c. Los venden en el quiosco.

3. ¿Qué consulta el pasajero para verificar la hora de salida de su tren?
   a. Puede leer el horario.
   b. Puede ir al andén.
   c. Puede llamar al mozo.

4. ¿Qué venden en el quiosco?
   a. En el quiosco venden queso.
   b. Venden los billetes.
   c. Venden periódicos y revistas.

5. ¿Por qué compra un billete sencillo?
   a. Porque no va a hacer el viaje.
   b. Porque no va a volver en tren.
   c. Lo compra en la ventanilla.

6. ¿De dónde sale el tren?
   a. De la ventanilla.
   b. Del tablero de salidas.
   c. Del andén cinco, vía A.

1. a   b   （c）   4. a   b   （c）

2. a   （b）   c   5. a   （b）   c

3. （a）   b   c   6. a   b   （c）

Actividad D Listen and choose.

(STM, page 2) (Cassette 2A/CD 2, Track 2)

Look at the illustration on your activity sheet. You will hear six statements about it.
If the statement correctly describes the illustration, circle **sí** on your activity sheet. If
the statement does not describe the illustration, circle **no.**

1. El maletero hizo un viaje.
2. La señora hizo un viaje.
3. Ella hizo un viaje en tren.
4. Ella fue en carro porque no quiso ir en tren.
5. La señora puso todo el equipaje en el tren.
6. El tren sale de la sala de espera número tres.

1. sí (no)   3. (sí) no   5. sí (no)

2. (sí) no   4. sí (no)   6. sí (no)

Vocabulario

 Actividad E Listen and repeat. *(Vocabulario, Palabras 2—Textbook, pages 6–7)*
(STM, page 2) (Cassette 2A/CD 2, Track 3)

Listen and repeat after the speaker.

EN EL TREN
el revisor
reservado
libre
el asiento, la plaza
ocupado
el pasillo
el coche-cama
la litera

el coche-comedor, el coche-cafetería

El tren salió a tiempo.
No salió tarde.
No salió con retraso (con una demora).

bajar(se) del tren
transbordar
Los pasajeros van a bajar en la próxima parada (estación).
Van a transbordar en la próxima parada.

Actividad F Listen and choose.
(STM, page 2) (Cassette 2A/CD 2, Track 4)

You will hear nine statements. If the statement makes sense, circle **sí** on your activity
sheet. If the statement does not make sense, circle **no.**

1. Cuando uno tiene hambre en el tren, puede ir al coche-comedor.
2. Y para dormir, hay pasillos.
3. En el tren yo duermo en una litera.
4. El revisor trabaja en la taquilla.
5. Los pasajeros suben al tren cuando llegan a su destino.
6. Los pasajeros están en el andén esperando subir al tren.
7. Los vagones son los coches del tren.
8. Para ir a la ciudad tenemos que transbordar en la próxima estación.
9. Este tren sale a tiempo con una demora de seis horas.

1. (sí) no   4. sí (no)   7. (sí) no

2. sí (no)   5. sí (no)   8. (sí) no

3. (sí) no   6. (sí) no   9. sí (no)

Actividad G Listen and choose.
(STM, page 2) (Cassette 2A/CD 2, Track 4)

You will hear eight questions, each followed by two possible answers. Choose the correct answer and circle *a* or *b* on your activity sheet.

1. ¿En qué coche están las literas?
   a. En el coche-comedor.
   b. En el coche-cama.

2. ¿Por qué fue Juan al coche-cafetería?
   a. Tiene hambre y quiere comer algo.
   b. Está cansado y quiere dormir.

3. ¿Quién es el señor que está pasando por los pasillos?
   a. ¿Él? Es el maletero.
   b. ¿Él? Es el revisor.

4. ¿Por qué hay mucha gente de pie en los pasillos?
   a. Porque no hay asientos reservados.
   b. Porque no hay asientos libres.

5. ¿Cuándo suben los pasajeros al tren?
   a. Cuando llegan a la estación donde quieren bajar.
   b. Cuando van a salir.

6. ¿Y cuándo bajan del tren?
   a. Cuando salen.
   b. Cuando llegan a su destino.

7. ¿Tienen que transbordar?
   a. Sí, tienen que cambiar y tomar otro tren.
   b. Sí, van a tomar sólo un tren.

8. ¿Salió tarde el tren?
   a. Sí, salió a tiempo.
   b. Sí, salió con retraso.

| 1. a ⓑ | 3. a ⓑ | 5. a ⓑ | 7. ⓐ b |
| 2. ⓐ b | 4. a ⓑ | 6. a ⓑ | 8. a ⓑ |

Estructura

Actividad A Listen and choose.
(STM, page 2) (Cassette 2A/CD 2, Track 5)

You will hear six questions, each followed by three possible answers. Choose the correct answer and circle *a*, *b*, or *c* on your activity sheet.

1. Ellas quisieron venir en avión, ¿no?
   a. Sí, quisieron venir en avión.
   b. Sí, quisimos venir en avión.
   c. Sí, quiso venir en avión.

2. Y, ¿qué hicieron Uds. en el tren?
   a. No hicimos nada.
   b. No hicieron nada.
   c. No hizo nada.

3. Uds. quisieron venir en carro, ¿no?
   a. Sí, quiso venir en carro.
   b. Sí, quisimos venir en carro.
   c. Sí, quisieron venir en carro.

4. ¿Cómo vino Abelardo?
   a. Vine en avión.
   b. Vino en avión.
   c. Viniste en avión.

5. ¿Cómo hicieron el viaje ellas?
   a. Lo hicieron en autobús.
   b. Lo hizo en autobús.
   c. Lo hicimos en autobús.

6. ¿Cómo viniste?
   a. Vino en tren.
   b. Viniste en tren.
   c. Vine en tren.

1. (a) b c
2. (a) b c
3. a (b) c

4. a (b) c
5. (a) b c
6. a b (c)

Actividad B Listen and answer.
(STM, page 2) (Cassette 2A/CD 2, Track 6)

You will hear six questions. Use the cues on your activity sheet to answer each question in the pause provided.

1. ¿A qué hora viniste?
   (Vine a las siete.)
2. ¿A qué hora quisiste venir?
   (Quise venir a las cinco.)
3. ¿Cómo viniste?
   (Vine en tren.)

4. ¿Hiciste el viaje en el AVE?
   (No, hice el viaje en el Talgo.)
5. ¿Quién más vino en el tren?
   (Emilio vino en el tren.)
6. ¿En qué clase hizo Emilio el viaje?
   (Hizo el viaje en segunda.)

1. **a las siete**

2. **a las cinco**

3. **en tren**

4. **en el Talgo**

5. **Emilio**

6. **en segunda**

Actividad C Listen and choose.
(STM, page 2) (Cassette 2A/CD 2, Track 7)

You will hear six questions, each followed by three possible answers. Choose the correct answer and circle *a, b,* or *c* on your activity sheet.

1. ¿Por dónde anduvieron Uds.?
   a. Anduvimos por el parque.
   b. Anduvieron por el parque.
   c. Anduvo por el parque.

2. ¿Cuánto tiempo estuvieron Uds. allí?
   a. Estuvimos una hora.
   b. Estuvieron una hora.
   c. Estuvo una hora.

3. Y tú, ¿tuviste que ir a pie?
   a. Sí, tuve que ir a pie.
   b. Sí, tuviste que ir a pie.
   c. Sí, tuvo que ir a pie.

4. ¿Pudo ir con Uds. Carlos?
   a. No, no pude.
   b. No, no pudiste.
   c. No, no pudo.

5. ¿Qué pusiste en la mochila?
   a. Puso unos refrescos.
   b. Pusiste unos refrescos.
   c. Puse unos refrescos.

6. ¿Supieron Uds. lo que pasó ayer?
   a. No, no supieron nada.
   b. No, no supimos nada.
   c. No, no supo nada.

1. (a) b   c
2. (a) b   c
3. (a) b   c

4. a   b   (c)
5. a   b   (c)
6. a   (b)   c

Actividad D Listen and choose.
(STM, page 3) (Cassette 2A/CD 2, Track 8)

You will hear ten short sentences. If the sentence is in the present tense, circle **presente** on your activity sheet. If it is in the past tense, circle **pasado**.

1. No quieren ir.
2. No quisieron ir.
3. No puedo.
4. No pudo.
5. Lo pone allí.
6. Lo puso allí.
7. No vino.
8. No viene.
9. No lo hice.
10. No lo hace.

1. (presente)   pasado
2. presente   (pasado)
3. (presente)   pasado
4. presente   (pasado)
5. (presente)   pasado

6. presente   (pasado)
7. presente   (pasado)
8. (presente)   pasado
9. presente   (pasado)
10. (presente)   pasado

Actividad E Listen and speak.
(STM, page 3) (Cassette 2A/CD 2, Track 9)

You will hear five questions. Use the cues on your activity sheet to answer each question orally in the pause provided.

1. ¿Qué dices?
   (Digo que no.)
2. Y ellos, ¿qué dicen?
   (Dicen que no saben.)
3. Uds., ¿qué dicen?
   (Decimos que no.)
4. Y Roberto, ¿qué dice él?
   (Roberto dice que van a ganar.)
5. ¿Qué dice Teresa?
   (Teresa dice que van a perder.)

1. que no

2. que no saben

3. que no

4. que van a ganar

5. que van a perder

Conversación

 Actividad F Listen. *(Conversación—Textbook, page 16)*
(STM, page 3) (Cassette 2A/CD 2, Track 10)

Listen to the conversation. Do not repeat.

En la ventanilla

PASAJERA: Un billete para Madrid, por favor.
AGENTE: ¿Sencillo o de ida y vuelta?
PASAJERA: Sencillo, por favor.
AGENTE: ¿Para cuándo, señorita?
PASAJERA: Para hoy.
AGENTE: ¿En qué clase, primera o segunda?
PASAJERA: En segunda. ¿Tiene Ud. una tarifa reducida para estudiantes?
AGENTE: Sí. ¿Tiene Ud. su tarjeta de identidad estudiantil?
PASAJERA: Sí, aquí la tiene Ud.
AGENTE: Con el descuento son tres mil pesetas.
PASAJERA: ¿A qué hora sale el próximo tren?
AGENTE: Sale a las veinte y diez del andén número ocho.
PASAJERA: Gracias.

Actividad G Listen and choose.
(STM, page 3) (Cassette 2A/CD 2, Track 10)

You will hear ten statements about the conversation you just heard. If the statement makes sense, circle **sí** on your activity sheet. If it does not make sense, circle **no**.

1. La señorita está en la ventanilla de la estación.
2. Ella va a Tarifa.
3. Quiere un billete de ida y vuelta.
4. Quiere hacer el viaje hoy.
5. Ella va a viajar en primera clase.
6. Hay un precio reducido para estudiantes.
7. El agente quiere ver la tarjeta de identidad de la señorita.
8. Sin el descuento son tres mil pesetas.
9. El tren sale del andén número diez.
10. El tren sale a las veinte y diez.

1. (sí) no	4. (sí) no	7. (sí) no	10. (sí) no
2. sí (no)	5. sí (no)	8. sí (no)	
3. sí (no)	6. (sí) no	9. sí (no)	

Pronunciación

 Actividad H Pronunciación: *Las consonantes ñ y ch* *(Pronunciación—Textbook, page 17) (STM, page 3) (Cassette 2A/CD 2, Track 11)*

The **ñ** is a separate letter of the Spanish alphabet. The mark over it is called a **tilde.** Note that it is pronounced similarly to the *ny* in the English word *canyon*. Listen and repeat after the speaker.

señor	otoño	España
señora	pequeño	cumpleaños
año		

Ch is pronounced much like the *ch* in the English word *church*. Listen and repeat after the speaker.

coche	chaqueta
chocolate	muchacho

El señor español compra un coche cada año en el otoño.
El muchacho chileno duerme en una cama pequeña en el coche-cama.
La muchacha pequeña lleva una chaqueta color chocolate.

SEGUNDA PARTE

Actividad A Listen.
(STM, page 4) (Cassette 2A/CD 2, Track 12)

Listen to the conversation. Do not repeat.

—¡Oye, Gerardo! Déjame ver tu boleto.
—Aquí lo tienes.
—Pero, Gerardo, tienes un boleto sencillo. ¿Por qué no te compraste un boleto de ida y vuelta? Vas a volver aquí, ¿no?
—Claro que voy a volver, pero no mañana. Voy a volver en quince días.
—No importa. Tienes que pagar más por dos boletos sencillos. Escúchame. Un boleto de ida y vuelta te cuesta trescientos pesos. Cada boleto sencillo te cuesta doscientos pesos. Ahora, dime. ¿Cuál resulta más caro?

Actividad B Listen and write.
(STM, page 4) (Cassette 2A/CD 2, Track 12)

As you listen to the conversation again, write brief answers to the questions on your activity sheet.

—¡Oye, Gerardo! Déjame ver tu boleto.
—Aquí lo tienes.
—Pero, Gerardo, tienes un boleto sencillo. ¿Por qué no te compraste un boleto de ida y vuelta? Vas a volver aquí, ¿no?
—Claro que voy a volver, pero no mañana. Voy a volver en quince días.
—No importa. Tienes que pagar más por dos boletos sencillos. Escúchame. Un boleto de ida y vuelta te cuesta trescientos pesos. Cada boleto sencillo te cuesta doscientos pesos. Ahora, dime. ¿Cuál resulta más caro?

You will have thirty seconds to complete your answers.

1. **Where is this conversation probably taking place?**

   <u>in a train station</u>

2. **What kind of ticket does Gerardo have?**

   <u>a one-way ticket</u>

3. **When does Gerardo plan to return?**

   <u>in fifteen days</u>

4. **How much is a one-way ticket?**

   <u>200 pesos</u>

5. **How much is a round-trip ticket?**

   <u>**300 pesos**</u>

6. **What does the young woman suggest?**

   <u>**that it's more economical to buy a round-trip ticket**</u>

Actividad C Listen and write.
(STM, page 4) (Cassette 2A/CD 2, Track 13)

You will hear five announcements at a railroad station. As you listen to each announcement, write the time, destination and track number of each train in the space provided on your activity sheet.

1. Señores pasajeros, su atención, por favor. RENFE anuncia la salida del Talgo con destino a Paris a las 22 horas del andén número ocho. Talgo para París. Andén 8. Señores, ¡al tren!
2. Trenes de cercanías. Próxima salida para Toledo a las ocho y media del andén número tres.
3. El tren para Granada va a salir a las 20 horas. Todos los pasajeros deben dirigirse al andén número 14. Todos a bordo, por favor.
4. Anunciamos una demora en el tren para Málaga. Ahora este tren va a salir a las 4:40 del andén dieciocho.
5. El AVE con destino a Córdoba y Sevilla sale a las doce diez del andén número tres. Señores pasajeros, favor de tener sus billetes en la mano.

	Hora	Destino	Andén
1.	22 horas	París	8
2.	8:30	Toledo	3
3.	20 horas	Granada	14
4.	4:40	Málaga	18
5.	12:10	Córdoba y Sevilla	3

CAPÍTULO **2**

En el restaurante

PRIMERA PARTE

Vocabulario

 Actividad A Listen and repeat. *(Vocabulario, Palabras 1—Textbook, pages 32–33) (STM, page 5) (Cassette 2B/CD 2, Track 14)*

Listen and repeat after the speaker.

EN EL RESTAURANTE
El mesero pone la mesa.
el camarero, el mesero
el vaso
la taza
el platillo
el plato
el mantel
la servilleta
el tenedor
el cuchillo
la cucharita
la cuchara
la pimienta
la sal

Tengo hambre.
Tengo hambre y quiero comer.
Tengo sed.
Tengo sed y quiero beber algo.

La señorita pide el menú.

el cocinero
freír
El cocinero fríe las papas.
Está friendo las papas.

El mesero le sirve la comida.

la tarjeta de crédito
la cuenta
la propina
el dinero

La señorita pide la cuenta.

El servicio no está incluido.
Ella deja una propina.

STUDENT TAPE MANUAL, TEACHER EDITION
Copyright © Glencoe/McGraw-Hill

¡Buen viaje! Level 2 Capítulo 2 ⟳ **13**

Actividad B Listen and choose.
(STM, page 5) (Cassette 2B/CD 2, Track 15)

You will hear ten statements. If the statement makes sense, circle **sí** on your activity sheet. If it does not make sense, circle **no.**

1. Un mesero trabaja en un restaurante.
2. El cocinero les sirve a los clientes en el restaurante.
3. El mesero les da la cuenta a los clientes cuando entran en el restaurante.
4. El cocinero prepara las comidas en la cocina del restaurante.
5. Los clientes leen el menú para decidir lo que van a pedir y comer.
6. Tomamos leche en un vaso.
7. Tomamos café en una taza.
8. Para cortar la carne necesitamos una cucharita.
9. Generalmente los clientes dejan una propina para el mesero.
10. Si uno tiene hambre tiene que beber algo.

1. (sí) no   4. (sí) no   7. (sí) no   10. sí (no)

2. sí (no)   5. (sí) no   8. sí (no)

3. sí (no)   6. (sí) no   9. (sí) no

Actividad C Listen and choose.
(STM, page 5) (Cassette 2B/CD 2, Track 15)

Look at the illustration on your activity sheet. You will hear nine statements about it. If the statement describes something in the illustration, circle **sí** on your activity sheet. If it does not describe what you see in the illustration, circle **no.**

1. Los cuatro jóvenes están en un restaurante.
2. No hay mantel en la mesa.
3. Allí está el cocinero.
4. El mesero le da el menú a una de las muchachas.
5. La señorita mira la cuenta.
6. Los señores piden pollo.
7. La señorita paga la cuenta con una tarjeta de crédito.
8. El cocinero está friendo las papas en la cocina.
9. La mesera les sirve la comida a los clientes.

1. (sí) no   4. (sí) no   7. sí (no)

2. (sí) no   5. sí (no)   8. sí (no)

3. sí (no)   6. sí (no)   9. sí (no)

Actividad D Listen and choose.

(STM, page 6) (Cassette 2B/CD 2, Track 15)

You will hear seven questions or statements, each followed by three possible answers. Choose the correct answer and circle *a, b,* or *c* on your activity sheet.

1. Mesero, ¿qué sirven Uds. hoy?
   a. Aquí tiene un menú, señora.
   b. Aquí tiene la cuenta, señora.
   c. Aquí tiene una cuchara, señora.

2. ¿Hay una mesa libre?
   a. Sí, sí. En la pimienta.
   b. Sí, sí. En la cocina.
   c. Sí, sí. En el otro comedor.

3. ¿Quién prepara las comidas?
   a. Un cocinero nuevo.
   b. Un mesero nuevo.
   c. Un cliente nuevo.

4. No tengo con qué cortar la carne.
   a. Perdón, le traigo una cuchara.
   b. Perdón, le traigo una servilleta.
   c. Perdón, le traigo un cuchillo.

5. Ya terminamos. Y tenemos que ir al teatro ahora mismo.
   a. Enseguida le traigo la cuenta.
   b. Le traigo un menú ahora mismo.
   c. Tenemos otra mesa muy bonita.

6. ¿Puedo pagar con cheque personal?
   a. No, pero aceptamos propinas.
   b. No, pero aceptamos boletos.
   c. No, pero aceptamos tarjetas de crédito.

7. ¿Cuánta propina le vamos a dar?
   a. Seis vasos.
   b. Ocho pisos.
   c. Diez pesos.

1. (a) b c   3. (a) b c   5. (a) b c   7. a b (c)

2. a b (c)   4. a b (c)   6. a b (c)

Vocabulario

PALABRAS 2

 Actividad E Listen and repeat. *(Vocabulario, Palabras 2—Textbook, pages 36–37)*
(STM, page 6) (Cassette 2B/CD 2, Track 16)

Listen and repeat after the speaker.

MÁS ALIMENTOS O COMESTIBLES

la carne	el pescado	el arroz
la carne de res, el biftec	los mariscos	el aceite
la ternera	los camarones	la alcachofa
el cerdo	las almejas	el ajo
el cordero	la langosta	el maíz
		los guisantes
		la berenjena

La joven pidió un biftec.
El mesero sirvió el biftec.
La comida está rica, deliciosa.

—¡Diga!

—Quisiera reservar una mesa, por favor.

—Sí, señor. ¿Para cuándo?

—Para esta noche a las nueve y media.

—¿Cuántas personas?

—Cuatro.

—¿A nombre de quién, por favor?

—A nombre de Julio Amaral.

—Conforme, señor.

Actividad F Listen and choose.
(STM, page 6) (Cassette 2B/CD 2, Track 17)

You will hear ten foods. After each item, decide whether the food is meat **(carne)**, fish **(pescado)**, shellfish **(mariscos)**, or a vegetable **(vegetal)** and check the appropriate box on your answer sheet.

1. el biftec	6. las almejas
2. los camarones	7. el cordero
3. el cerdo	8. los guisantes
4. la berenjena	9. la ternera
5. el maíz	10. la langosta

	Carne	Pescado	Marisco	Vegetal
1.	✔			
2.			✔	
3.	✔			
4.				✔
5.				✔
6.			✔	
7.	✔			
8.				✔
9.	✔			
10.			✔	

Actividad G Listen and choose.
(STM, page 7) (Cassette 2B/CD 2, Track 17)

Look at the illustrations on your activity sheet. You will hear six questions or statements, each asking for or describing a food. Write the number of the question or statement below the corresponding illustration.

1. Tengo hambre. Lo que más quiero es pescado.
2. Yo también tengo hambre. Pero, para mí, la carne.
3. ¿Qué vegetales sirven aquí?
4. No sé. Allí hay alguien con una ensalada de lechuga.
5. Pues, a ver si nos traen pan antes de pedir.
6. Mira. Esta fruta es preciosa, ¿no crees?

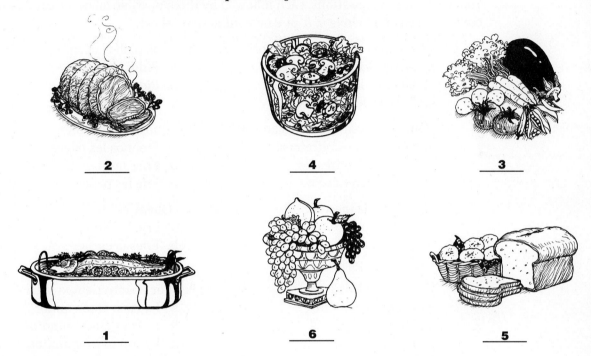

Actividad H Listen and choose.
(STM, page 7) (Cassette 2B/CD 2, Track 17)

You will hear six mini-conversations. If the conversation makes sense, circle **sí** on your activity sheet. If it does not make sense, circle **no.**

1. —Quisiera reservar una mesa, por favor.
    —¿A nombre de quién, por favor?
2. —¿Para cuántas personas?
    —A las ocho.
3. —¿Para cuándo?
    —Para esta noche.
4. —¿A nombre de quién?
    —El mesero.
5. —La comida está muy rica.
    —Es verdad. Una comida muy buena, deliciosa.
6. —¿Te gustan los vegetales?
    —Sí, me gustan mucho las almejas y los camarones.

1. (sí) no   3. (sí) no   5. (sí) no

2. sí (no)   4. sí (no)   6. sí (no)

Estructura

Actividad A Listen and choose.
(STM, page 7) (Cassette 2B/CD 2, Track 18)

You will hear nine questions, each followed by three possible answers. Choose the correct answer and circle *a, b,* or *c* on your activity sheet.

1. ¿A quiénes sirven los meseros?
   a. Sirve a los clientes.
   b. Sirven a los clientes.
   c. Sirves a los clientes.

2. ¿Qué les sirven Uds. a los amigos?
   a. Les servimos refrescos.
   b. Les sirven refrescos.
   c. Les sirve refrescos.

3. ¿Qué sirve la mesera?
   a. Sirve el postre.
   b. Sirvo el postre.
   c. Sirves el postre.

4. ¿Qué piden Uds.?
   a. Pedimos el menú.
   b. Pido el menú.
   c. Piden el menú.

5. ¿Pides la cuenta?
   a. Sí, pides la cuenta.
   b. Sí, pide la cuenta.
   c. Sí, pido la cuenta.

6. ¿Qué pide el cliente?
   a. Pides el menú.
   b. Pido el menú.
   c. Pide el menú.

7. ¿Qué fríe el cocinero?
   a. Freímos las papas.
   b. Fríes las papas.
   c. Fríe las papas.

8. ¿Qué fríes?
   a. Frío la carne.
   b. Fríes la carne.
   c. Fríe la carne.

9. ¿Por cuánto tiempo la frío?
   a. La fríen cinco minutos.
   b. La fríes cinco minutos.
   c. La frío cinco minutos.

1. a (b) c   6. a b (c)

2. (a) b c   7. a b (c)

3. (a) b c   8. (a) b c

4. (a) b c   9. a (b) c

5. a b (c)

Actividad B Listen and answer.
(STM, page 8) (Cassette 2B/CD 2, Track 19)

You will hear seven questions. Use the illustrations on your activity sheet to answer the questions orally in the pauses provided.

1. ¿Qué pidió Ignacio?
   (Él pidió pollo.)
2. Y tú, ¿qué pediste?
   (Pedí pescado.)
3. ¿Qué más pediste?
   (También pedí ensalada.)
4. ¿Qué pidieron los muchachos?
   (Ellos pidieron jamón.)
5. ¿Qué pedí yo?
   (Tú pediste arroz.)
6. Pero, ¿qué prefirieron Uds.?
   (Preferimos la carne.)
7. Y tus padres, ¿qué prefirieron?
   (Ellos prefirieron los mariscos.)

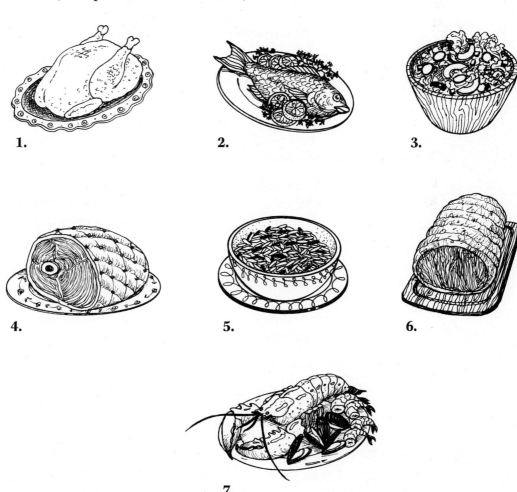

1.   2.   3.

4.   5.   6.

7.

Conversación

Actividad C   Listen.   *(Conversación—Textbook, page 44)*
(STM, page 8) (Cassette 2B/CD 2, Track 20)

Listen to the conversation. Do not repeat.

En el restaurante

TERESA: ¿Tiene Ud. una mesa para cuatro personas?
MESERO: Sí, señorita. Por aquí, por favor.
TERESA: ¿Es posible tener un menú en inglés?
MESERO: Sí, ¡cómo no!
PACO: Teresa, no necesito un menú en inglés. Lo puedo leer en español.
(El mesero les da un menú en inglés.)
PACO: No sé por qué ella me pidió un menú en inglés.
MESERO: No hay problema. Le traigo uno en español.
PACO: Gracias.
TERESA: Pues, Paco, ¿qué vas a pedir?
PACO: Para mí, la especialidad de la casa.
TERESA: Yo también pido la especialidad de la casa.

Actividad D   Listen and choose.
(STM, page 8) (Cassette 2B/CD 2, Track 20)

You will hear five questions about the conversation you just heard. Each question will be followed by three possible answers. Choose the correct answer and circle *a*, *b*, or *c* on your activity sheet.

1. ¿Para cuántas personas quiere Teresa la mesa?
   a. Una.
   b. Cuatro.
   c. Dos.

2. ¿Qué le pidió Teresa al mesero?
   a. Un biftec.
   b. Un menú en inglés.
   c. Un menú en español.

3. ¿Para quién pidió ella el menú?
   a. Para el mesero.
   b. Para Teresa.
   c. Para su amigo, Paco.

4. ¿Qué le dio el mesero a Paco?
   a. La especialidad de la casa.
   b. La cuenta.
   c. Un menú en español.

5. ¿Qué pidieron Teresa y Paco?
   a. La cuenta.
   b. La especialidad de la casa.
   c. No sabemos.

1. a (b) c   4. a b (c)

2. a (b) c   5. a (b) c

3. a b (c)

Pronunciación

Actividad E **Pronunciación:** *La consonante x* *(Pronunciación—Textbook, page 45)* *(STM, page 9) (Cassette 2B/CD 2, Track 21)*

An **x** between two vowels is pronounced much like the English *x* but a bit softer. It's like a **gs: examen** > **eg-samen.** Listen and repeat after the speaker.

exacto   examen
éxito   próximo

When **x** is followed by a consonant, it is often pronounced like an **s.** Listen and repeat after the speaker.

extremo   explicar   exclamar

El extranjero exclama que baja en la próxima parada.

SEGUNDA PARTE

Actividad A **Read.**
(STM, page 9) (Cassette 2B/CD 2, Track 22)

Read the card on your activity sheet. It is from a restaurant in Mexico.

You will have twenty seconds to read the card.

Restaurante y Bar
La India Bonita
DESDE 1933
Cuernavaca, Mor.

" Cliente Distinguido "
Recibirá 10% de descuento
solo pago en efectivo en comidas y cenas
con bebidas.
Nº ⁻ ⁻ 2943
Dwight Morrow 106-B (Casa Mañana) 62000 Cuernavaca, Mor.
Tels. Fax 18-69-67 12-50-21

Actividad B **Listen and choose.**
(STM, page 10) (Cassette 2B/CD 2, Track 22)

You will hear five statements about the card you just read. If the statement is correct, circle **sí** on your activity sheet. If it is not correct, circle **no.**

1. El restaurante se llama la India Bonita.
2. El restaurante tiene teléfono pero no tiene fax.
3. El restaurante está en Cliente Distinguido.
4. El restaurante fue fundado en 1933.
5. Con esta tarjeta el cliente recibirá un descuento de 10 por ciento en el restaurante.

1. (sí) no   3. (sí) no   5. (sí) no

2. sí (no)   4. (sí) no

Actividad C Listen.
(STM, page 10) (Cassette 2B/CD 2, Track 23)

> Look at the questions and possible answers in **Actividad D** as you listen to the following radio announcement. Do not repeat.
>
>> Les invitamos a todos Uds. a visitar el restaurante Sol donde se sirven las mejores comidas hispanas de toda la ciudad. Cada día les ofrecemos una especialidad distinta—una especialidad de otro país hispano. Lunes, enchiladas de México; martes, paella valenciana; miércoles, masitas de cerdo a la cubana. Les invitamos a todos Uds. y a todos los suyos a pasar una noche placentera con nosotros—en el restaurante Sol—en la calle Broadway número 12—en el mismo centro de la ciudad. Para reservaciones llamen al 221-33-80.

Actividad D Listen and choose.
(STM, page 10) (Cassette 2B/CD 2, Track 23)

> As you listen to the announcement again, look at the questions and possible answers on your activity sheet. Choose the correct answer to each question and circle *a, b,* or *c* on your activity sheet.
>
>> Les invitamos a todos Uds. a visitar el restaurante Sol donde se sirven las mejores comidas hispanas de toda la ciudad, etc.
>
> You will have twenty seconds to complete your answer.

1. **¿De qué trata el anuncio?**
   a. **Del sol.**
   b. **De un viaje.**
   c. **De un restaurante.** *(circled)*

2. **¿Dónde está el Sol?**
   a. **En Cuba.**
   b. **En el centro de la ciudad.** *(circled)*
   c. **En todos los países hispanos.**

3. **¿Qué tipo de comida sirven?**
   a. **Solamente comida hispana.** *(circled)*
   b. **Solamente comida cubana.**
   c. **Solamente comida mexicana.**

4. **¿Cuál es la especialidad los martes?**
   a. **Masitas de cerdo a la cubana.**
   b. **Paella valenciana.** *(circled)*
   c. **Enchiladas de México.**

5. **¿Qué se puede hacer por teléfono?**
   a. **Reservaciones.** *(circled)*
   b. **Paella.**
   c. **Pagar.**

CAPÍTULO **3**

Telecomunicaciones

PRIMERA PARTE

Vocabulario PALABRAS 1

 Actividad A **Listen and repeat.** (*Vocabulario, Palabras 1*—Textbook, pages 60–61) *(STM, page 11) (Cassette 3A/CD 3, Track 1)*

Listen and repeat after the speaker.

LA COMPUTADORA
la computadora, el ordenador
el monitor, la pantalla
la impresora
el disquete
el disco compacto
el ratón
el teclado

La muchacha prende la máquina.
Ella mete un disquete en la ranura.
Ella usa la computadora para hacer las tareas.
Ella entra los datos.

La muchacha no pierde los datos porque los guarda.
Después se comunica con los amigos.
Usa el correo electrónico.
Cuando termina, ella apaga la máquina y saca el disquete.

Look at the illustrations on your activity sheet. You will hear several statements, each describing one of the illustrations. Write the number of the statement under the illustration it describes.

1. La muchacha manda un documento por fax.
2. El muchacho usa el ratón.
3. Esta computadora tiene un monitor muy grande.
4. Las copias salen de la impresora.
5. La señora saca el disquete de la ranura.
6. Estoy entrando datos con el teclado.

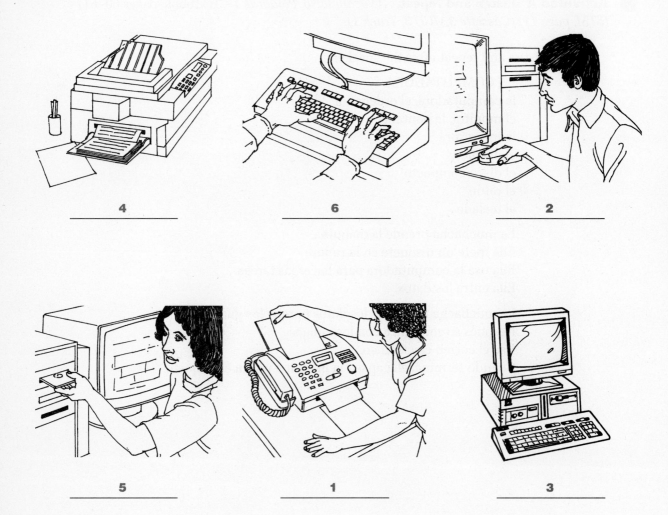

4

6

2

5

1

3

You will hear several questions or statements, each followed by three possible answers. Choose the correct answer and circle *a*, *b*, or *c* on your activity sheet.

1. ¿Cómo prendo la máquina?
   a. Tienes que pulsar el botón.
   b. Tienes que mirar la pantalla.
   c. Tienes que leer el documento.

2. ¿Dónde meto el disquete?
   a. En la pantalla.
   b. En el teclado.
   c. En la ranura.

3. Quiero transmitir unos documentos a la capital.
   a. Puedes usar la impresora.
   b. Puedes usar la máquina de fax.
   c. Puedes usar el ratón.

4. ¿Puedes escuchar música con la computadora?
   a. Sí, puedo tocar discos compactos.
   b. Sí, puedo imprimir documentos.
   c. Sí, puedo entrar datos.

5. ¿Qué necesito para usar el correo electrónico?
   a. Una máquina de fax.
   b. Una computadora.
   c. Una impresora.

1. (a)   b   c

2. a   b   (c)

3. a   (b)   c

4. (a)   b   c

5. a   (b)   c

Actividad D Listen and repeat.   (*Vocabulario, Palabras 2*—Textbook, pages 64–65)
(*STM, page 12*) (*Cassette 3A/CD 3, Track 3*)

Listen and repeat after the speaker.

EL TELÉFONO
la guía telefónica
dejar un mensaje
—Hola, Paco. Habla María. ¿Dónde estás? ¿Me puedes llamar esta tarde?
Gracias.
el contestador automático
el prefijo de país
la clave de área
el número de teléfono
la ranura
el auricular
el teclado
la tecla
el teléfono público
el teléfono celular
el teléfono de botones
Rafael va a hacer una llamada telefónica.
Él descuelga el auricular.
Él introduce la tarjeta telefónica.
No introduce una moneda.
Él espera el tono.
Cuando oye el tono, él marca el número.
El teléfono suena.
La hermana de su amiga contesta.
—¿Está Alicia?
—Sí, está. ¿De parte de quién?
—De Rafael.
—Un momento, por favor.
Cuando yo estaba en Madrid, vivía en una residencia para estudiantes.
Yo llamaba a mis padres a menudo (con frecuencia).
Yo siempre quería hablar mucho. Pero las llamadas largas costaban mucho.
Eran muy caras.

Actividad E   Listen and choose.

(STM, page 12) (Cassette 3A/CD 3, Track 4)

> Look at the illustrations on your activity sheet. You will hear several statements, each describing one of the illustrations. Write the number of the statement under the illustration it describes.
>
> 1. La señora busca el número en la guía telefónica.
> 2. Este teléfono no tiene disco, tiene un teclado.
> 3. Pueden dejar un mensaje. Tengo un contestador automático.
> 4. Hay un teléfono público en la calle.
> 5. Uso mi teléfono celular en la calle.

4

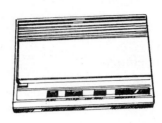

3

5

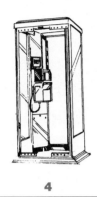

1

2

Actividad F   Listen and choose.

(STM, page 12) (Cassette 3A/CD 3, Track 4)

> You will hear a series of statements. If the statement makes sense, circle **sí** on your activity sheet. If it does not make sense, circle **no**.
>
> 1. Los teléfonos modernos tienen disco.
> 2. No tienes que pagar nada para usar un teléfono público.
> 3. Debes esperar el tono antes de marcar el número.
> 4. Cuando no lo sabes puedes buscar el número en la guía telefónica.
> 5. Cuando terminas de hablar descuelgas el auricular.

1. sí (no)   3. (sí) no   5. sí (no)

2. sí (no)   4. (sí) no

You will hear several questions or statements, each followed by three possible answers. Choose the correct answer and circle *a*, *b*, or *c* on your activity sheet.

1. Quiero hacer una llamada.
    a. Allí está el contestador automático.
    b. Allí está el teléfono.
    c. Allí está el botón.

2. No sé el número de teléfono.
    a. Puedes buscarlo en la guía telefónica.
    b. Está en el contestador automático.
    c. Es un teléfono celular.

3. ¿Dónde meto la moneda?
    a. En la ranura.
    b. En la guía telefónica.
    c. En el auricular.

4. ¿Cuál es la clave de área?
    a. El teclado.
    b. Las teclas.
    c. El ocho cero nueve.

5. La señora Garcés lleva el teléfono en su bolsa. ¿Cómo es posible?
    a. Es un teléfono público.
    b. Es un auricular.
    c. Es un teléfono celular.

6. ¿Puedo marcar enseguida?
    a. No, tienes que esperar el tono.
    b. No, tienes que colgar el auricular.
    c. No, tienes que hacer una llamada.

7. ¿Está la señorita Gutiérrez?
    a. Sí, lo siento.
    b. Lo siento, ella no está.
    c. No sé cómo se llama.

1. a (b) c

2. (a) b c

3. (a) b c

4. a b (c)

5. a b (c)

6. (a) b c

7. a (b) c

Estructura

Actividad A Listen and answer.
(STM, page 13) (Cassette 3A/CD 3, Track 5)

You will hear several questions. Use the illustrations on your activity sheet to answer the questions orally in the pauses provided.

1. ¿Cómo estaba Federico, triste o contento?
   (Federico estaba contento.)
2. ¿Era alto o bajo Federico?
   (Federico era alto.)
3. ¿Estaba en Nueva York o en París?
   (Estaba en París.)
4. ¿Qué tiempo hacía?
   (Hacía sol.)
5. ¿A qué jugaban Federico y los amigos?
   (Jugaban al fútbol.)

1.

2.

3.

4.

5.

Actividad B Listen and answer.

(STM, page 13) (Cassette 3A/CD 3, Track 6)

You will hear several questions. Answer each question orally in the pause provided. Since there is more than one correct answer for each question, you will not hear any recorded responses.

1. ¿Cuántos años tenías cuando estabas en el tercer grado?
2. ¿Dónde vivías cuando estabas en el tercer grado?
3. ¿A qué escuela ibas?
4. ¿Quién era tu maestra o maestro?
5. ¿Estudiabas español en el tercer grado?
6. ¿A qué hora terminaban las clases?

Actividad C Listen.

(STM, page 13) (Cassette 3A/CD 3, Track 7)

Listen to the narrative. Do not repeat.

Mariana Gutiérrez vivía en la capital cuando tenía ocho años. Su padre trabajaba en una escuela. Él era profesor. La madre de Mariana, doña Elena, trabajaba en un hospital. Ella era médica. Los domingos toda la familia iba a las montañas. En el verano ellos nadaban y jugaban tenis. En el invierno ellos esquiaban. A Mariana le gustaba mucho ir a las montañas.

Actividad D Listen and choose.

(STM, page 13) (Cassette 3A/CD 3, Track 7)

You will hear several statements about the narrative you just heard. If the statement is true, circle **sí** on your activity sheet. If it is false, circle **no**.

1. Cuando tenía ocho años Mariana vivía en el campo.
2. El padre de Mariana trabajaba en un hospital.
3. La madre de Mariana era médica.
4. La familia iba a las montañas los domingos.
5. En el invierno ellos nadaban.
6. En el verano ellos jugaban tenis.
7. A Mariana le gustaban las montañas.

1. sí (no)

2. sí (no)

3. (sí) no

4. (sí) no

5. sí (no)

6. (sí) no

7. (sí) no

Conversación

Actividad E   Listen. (*Conversación*—Textbook, page 76)
(STM, page 14) (Cassette 3A/CD 3, Track 8)

Listen to the conversation. Do not repeat.

Una llamada internacional

TERESITA: Operadora, quiero hacer una llamada a los Estados Unidos.

OPERADORA: ¿Cómo va a pagar la llamada?

TERESITA: Con tarjeta telefónica. ¿La puedo usar?

OPERADORA: Claro que sí, si hay bastante dinero en la tarjeta.

TERESITA: Sí, hay bastante. ¿Puedo marcar directamente, o tiene usted que poner la llamada?

OPERADORA: Puede llamar directamente. Sólo tiene que meter la tarjeta en la ranura, marcar el «uno», que es el prefijo de los Estados Unidos, y ya está. Ud. sabe la clave de área y el número que desea, ¿no?

TERESITA: Sí, sí. Ah, si el número está ocupado o si no contestan, no me cuesta nada, ¿verdad?

OPERADORA: Claro que no.

Actividad F   Listen and choose.
(STM, page 14) (Cassette 3A/CD 3, Track 8)

You will hear several questions about the conversation you just heard, each followed by three possible answers. Choose the correct answer and circle *a*, *b*, or *c* on your activity sheet.

1. ¿Con quién habla la muchacha?
   a. Con la operadora.
   b. Con su madre.
   c. Con su profesora.

2. ¿A qué país quiere llamar?
   a. A España.
   b. A los Estados Unidos.
   c. A México.

3. ¿Cómo quiere pagar por la llamada?
   a. Con unas monedas.
   b. Con una tarjeta telefónica.
   c. Con una llave.

4. ¿Dónde tiene que meter la tarjeta?
   a. En la ranura.
   b. En el prefijo.
   c. En el área.

5. ¿Cuál es el prefijo de los Estados Unidos?
   a. La clave de área.
   b. El «uno».
   c. El disco.

6. ¿Cuánto tiene que pagar si no contesta nadie?
   a. Una moneda.
   b. Un dólar.
   c. Nada.

1. (a) b   c   4. (a) b   c

2. a (b) c   5. a (b) c

3. a (b) c   6. a   b (c)

SEGUNDA PARTE

Actividad A Listen and identify.
(STM, page 14) (Cassette 3A/CD 3, Track 9)

Look at the ad for Internet software on your activity sheet. You are handling the phones for a software distributor. After each caller's question, write the number of the appropriate program next to the caller's number on your activity sheet.

1. Tengo 30 años y me interesa asistir a la universidad. ¿Tienen algún programa que pueda servirme?
2. A mí me encanta el arte. Quiero ser artista. ¿Tienen algo para enseñarme a pintar o dibujar?
3. Hola. ¿Existen enciclopedias para la computadora? ¿Qué me pueden recomendar?
4. Me regalaron una computadora y quiero usar Internet, pero no tengo idea de cómo se usa.
5. Soy estudiante de universidad. Mi especialización es la historia. ¿Qué tienen ustedes que trate de historia?
6. Yo viajo mucho en mi carro, pero también me pierdo mucho. ¿Hay algún programa de mapas o planos para las calles de las ciudades?
7. Quiero hacer un poco de turismo por el norte de España, por Castilla y León. Algo con recomendaciones de rutas sería bueno.
8. Necesito un diccionario bueno, pero no quiero otro libro, quiero uno en la computadora. ¿Qué me recomienda?

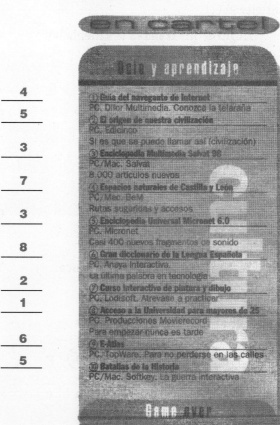

4

5

3

7

3

8

2

1

6

5

Actividad B Listen and answer.

(STM, page 15) (Cassette 3A/CD 3, Track 10)

Look at the list of country and city codes on your activity sheet. You are filling in for the international operator. Use the information on your activity sheet to help each caller asking for numbers.

1. Por favor, quiero llamar a Asunción, Paraguay. ¿Cuál es el prefijo de país y la clave de área?
   (Paraguay, 595; Asunción, 21)
2. Para Chile, por favor, área de Valparaíso.
   (Chile, 56; Valparaíso, 32)
3. Necesito los prefijos de país y ciudad para Quito, Ecuador.
   (Ecuador, 593; Quito, 2)
4. ¿Me puede dar el prefijo para Colombia y la clave para Cartagena?
   (Colombia, 57; Cartagena, 59)
5. Quiero llamar a un amigo en Puerto Vallarta, México. Favor de darme el prefijo y la clave de área.
   (México, 52; Puerto Vallarta, 322)
6. Managua, Nicaragua. Prefijo y clave de área, por favor.
   (Nicaragua, 505; Managua, 2)

País	Prefijo de país	Ciudad	Clave de área
Chile	56	Concepción	41
		Santiago	2
		Valparaíso	32
Colombia	57	Bogotá	1
		Cali	23
		Cartagena	59
		Medellín	4
Ecuador	593	Cuenca	7
		Quito	2
México	52	Acapulco	74
		Cancún	988
		México, D.F.	5
		Puerto Vallarta	322
Nicaragua	505	León	311
		Managua	2
Paraguay	595	Asunción	21

Actividad C Listen and answer.

(STM, page 15) (Cassette 3A/CD 3, Track 11)

Listen to the message on your friends' José and Carolina's answering machine. Then, after the tone, leave a message for them. You want to know if they can go to the movies with you tomorrow night. Leave your telephone number and tell them to call you. Since there is more than one correct answer, you will not hear any recorded responses.

No podemos contestar el teléfono en este momento. Por favor, después de oír el tono, deje un breve mensaje. Gracias. [tone]

Actividad D Listen and write.
(STM, page 16) (Cassette 3A/CD 3, Track 11)

José and Carolina got back to you on your answering machine. As you listen to the message, look at the questions on your activity sheet. You will hear the message twice.

Hola. Habla José. ¡Qué lástima! Estuvimos en el centro cuando tú llamaste. Fuimos a comprar un teléfono celular. Encontramos uno por sólo ochenta dólares. El cine, mañana. Carolina no puede ir. Ya sabes que ella juega con el equipo de baloncesto, y mañana tienen un partido por la noche. Pero yo puedo ir, y me gusta mucho la idea. Necesito saber adónde vamos y a qué hora. Voy a estar en casa después de las ocho esta noche. Favor de llamarme. Hasta luego.

Now listen to the message again and write a brief answer to each question on your activity sheet.

Hola. Habla José. ¡Qué lástima! Estuvimos en el centro, etc.

1. **Who left a message?**

    José

2. **Where were they when you called?**

    downtown

3. **What were they doing?**

    shopping for a cellular phone

4. **How much did they pay?**

    $80

5. **Can they go with you tomorrow?**

    José can go.

6. **Who cannot go and why?**

    Carolina can't go; she's playing basketball.

7. **What does your friend need to know?**

    where are you going and at what time

8. **What does he want you to do?**

    call him

9. **When will he be able to talk to you?**

    tonight after 8

CAPÍTULO 4

De tiendas

PRIMERA PARTE

Vocabulario

PALABRAS 1

 Actividad A Listen and repeat.   (*Vocabulario, Palabras 1*—Textbook, pages 92–93) *(STM, page 17) (Cassette 3B/CD 3, Track 12)*

Listen and repeat after the speaker.

LA TIENDA DE ROPA PARA CABALLEROS
el impermeable, la gabardina
el abrigo
el traje
el pañuelo
el escaparate

la ropa interior
los calcetines

José fue a una tienda de ropa.
Miró la ropa en el escaparate.
En el escaparate había un traje.
A José le gustó el traje.

José entró en la tienda.
Se probó el traje.
Se miró en el espejo.

LA TIENDA DE ROPA PARA SEÑORAS
el saco, la chaqueta
la bufanda
la manga corta
la manga larga
el suéter
el bolsillo
la blusa
los botones
el cinturón
el vestido
el pantalón

María fue a la tienda de ropa.
Quería comprar un suéter.
—¿En qué puedo servirle?
—Quisiera un suéter gris.
—Su tamaño, por favor.
—Mediano. (38)

EN LA ZAPATERÍA
los zapatos
las sandalias
las botas
el tacón
anchos
estrechos

—No me quedan bien.
Son demasiado estrechos.

EN LA JOYERÍA
la oreja
el oído
un arete, un pendiente
un anillo
el cuello
una cadena
la muñeca
una pulsera
el dedo
un anillo
un reloj
una cadena de oro

Había muchas joyas en la vitrina.
La dependienta le enseñó una cadena a Anita.
La cadena era de oro.
Era muy cara pero Anita la compró.

Actividad B   Listen and choose.
(STM, page 17) (Cassette 3B/CD 3, Track 13)

Look at the illustrations on your activity sheet. You will hear several statements,
each referring to one of the illustrations. Circle the letter of the illustration to which
the statement refers.

1. Voy a comprar una blusa para mi hermana.
2. Prefiero las camisas de mangas largas.
3. Quiero ver unas sandalias, por favor.
4. ¿Puede Ud. recomendar unos aretes?
5. Esta pulsera va muy bien con la cadena de oro.
6. Esa bufanda es preciosa, tiene el mismo color que la falda.
7. No, quiero ver un par con tacón más bajo.
8. El saco azul es muy bonito. También necesito un pantalón.

a.

b.

c.

d.

1. a b (c) d   5. a b c (d)

2. a (b) c d   6. a b (c) d

3. (a) b c d   7. (a) b c d

4. a b c (d)   8. a (b) c d

Actividad C Listen and choose.
(STM, page 18) (Cassette 3B/CD 3, Track 13)

You will hear several questions or statements, each followed by three possible answers. Choose the correct answer and circle *a*, *b*, or *c* on your activity sheet.

1. Quiero comprar unos pendientes para mi mamá.
   a. Allí hay una joyería muy buena.
   b. Sí, es un reloj excelente.
   c. Los empleados los compran.

2. ¿Quién me puede vender el cinturón?
  a. Allí hay un dependiente.
  b. En una vitrina.
  c. Para los pantalones.

3. ¿Por qué no quieres los zapatos?
  a. No necesito ropa interior.
  b. Son muy bonitos.
  c. Son muy estrechos.

4. ¿Qué tamaño usas?
  a. Mediano.
  b. Blanco.
  c. Corto.

5. ¿Por qué vas a la tienda de ropa?
  a. Quiero una pulsera.
  b. Necesito un suéter.
  c. A comprar joyas.

1. (a) b   c   4. (a) b   c

2. (a) b   c   5. a   (b) c

3. a   b (c)

Vocabulario PALABRAS 2

Actividad D Listen and repeat.   (*Vocabulario, Palabras 2*—Textbook, pages 96–97) (*STM, page 18*) (*Cassette 3B/CD 3, Track 14*)

Listen and repeat after the speaker.

LA COMPRA DE COMESTIBLES
el puesto
el mercado

el colmado, la tienda de abarrotes, la tienda de ultramarinos

el supermercado
el hipermercado

En la panadería se vende pan.
En la carnicería se vende carne.
En la pescadería se vende pescado.
Se venden también mariscos.
En la pastelería se venden pasteles.
En la verdulería se venden legumbres (vegetales).
En la frutería se venden frutas.

La señora iba de compras todos los días.
Compraba pan en la panadería.
Y compraba vegetales frescos en la verdulería.
—¿A cuánto están los tomates hoy?

—Están a cincuenta el kilo. Están muy frescos.
—Sí, tienen muy buena pinta. Medio kilo, por favor.

el carrito
el pasillo
A veces la señora hacía sus compras en el supermercado.
Empujaba el carrito por los pasillos.
Hoy compró:
    seis tajadas (rebanadas) de jamón
    un paquete de guisantes congelados
    seis latas de refrescos
    una botella de agua mineral
    un frasco de mayonesa
    una caja de detergente

En el supermercado la señora siempre pagaba en la caja.
La empleada ponía sus compras en bolsas de plástico.

Actividad E   Listen and choose.
(STM, page 18) (Cassette 3B/CD 3, Track 15)

Look at the illustrations on your activity sheet. You will hear several statements, each describing one of the illustrations. Write the number of the statement under the illustration it describes.

1. Patricia compró un paquete de arroz.
2. Ángela compró una lata de guisantes.
3. Y Raúl compró un paquete de zanahorias congeladas.
4. Yo compré una caja de detergente.
5. Y tú querías una botella de leche.
6. Pusieron todo en una bolsa de plástico.

5   4   6

2   1   3

Actividad F Listen and choose.
(STM, page 18) (Cassette 3B/CD 3, Track 15)

You will hear several statements. If the statement is true, circle **sí** on your activity sheet. If it is not true, circle **no**.

1. Compras mariscos en una panadería.
2. La ternera es un tipo de carne.
3. Venden naranjas en una frutería.
4. Puedes comprar vegetales frescos en la verdulería.
5. Las zanahorias son pescado.
6. Hay productos congelados y en lata en el supermercado.
7. Venden el agua mineral en tajadas.

1. sí (no)		5. sí (no)	
2. (sí) no		6. (sí) no	
3. (sí) no		7. sí (no)	
4. (sí) no			

Actividad G Listen and choose.
(STM, page 18) (Cassette 3B/CD 3, Track 15)

You will hear several questions or statements, each followed by three possible responses. Choose the correct response and circle *a*, *b*, or *c* on your activity sheet.

1. Quiero unos refrescos para un picnic.
   a. ¿Cuántas latas?
   b. ¿Cuántas bolsas?
   c. ¿Cuántos kilos?

2. ¿Necesitamos arroz?
   a. Sí, medio kilo.
   b. Sí, una botella.
   c. Sí, una lata.

3. Y zanahorias congeladas, ¿quieres?
   a. Una botella, nada más.
   b. Un kilo, nada más.
   c. Un paquete, nada más.

4. ¿Agua mineral?
   a. Sí, sí, una botella.
   b. Sí, sí, un paquete.
   c. Sí, sí, una lata.

5. Yo quiero unas naranjas.
   a. Pues, ¿por qué no compras una lata?
   b. Pues, ¿por qué no compras una docena?
   c. Pues, ¿por qué no compras una botella?

6. ¿Dónde hay un carrito?
   a. En el paquete.
   b. En el pasillo.
   c. En la vitrina.

1. (a) b c		4. (a) b c	
2. (a) b c		5. a (b) c	
3. a b (c)		6. a (b) c	

Estructura

Actividad A Listen and choose.
(STM, page 19) (Cassette 3B/CD 3, Track 16)

You will hear a series of statements. After each one, decide whether the verb is in the preterite or the imperfect and check the appropriate column on your activity sheet.

1. Mi abuelo era alto y delgado.
2. Él vivía en la capital.
3. Un día fui a visitarlo.
4. Él me esperaba en la estación.
5. El tren llegó a tiempo.
6. Mi abuelo estaba muy contento.
7. Él me llevó a una tienda por departamentos.
8. Allí vimos toda clase de mercancías.
9. Ellos vendían ropa, zapatos, comida, todo.
10. Abuelo me compró un traje nuevo.
11. Después fuimos a casa.
12. Abuelita nos preparó una comida deliciosa.
13. Yo estaba muy cansado, pero muy contento.

	PRETÉRITO	IMPERFECTO
1.		√
2.		√
3.	√	
4.		√
5.	√	
6.		√
7.	√	
8.	√	
9.		√
10.	√	
11.	√	
12.	√	
13.		√

Actividad B Listen and answer.
(STM, page 19) (Cassette 3A/CD 3, Track 17)

You will hear several questions. Answer each one orally in the pause provided. First listen to the example.

Example: *(You hear)*   ¿Qué se vende en una carnicería?
           (You say)   Se vende carne.

1. ¿Qué se vende en una carnicería?
   (Se vende carne.)
2. ¿Qué se vende en una joyería?
   (Se venden joyas.)
3. ¿Qué se vende en una zapatería?
   (Se venden zapatos.)
4. ¿Qué se vende en una pescadería?
   (Se vende pescado.)
5. ¿Qué se vende en una panadería?
   (Se vende pan.)
6. ¿Qué se vende en una frutería?
   (Se venden frutas.)
7. ¿Qué se vende en una librería?
   (Se venden libros.)

Conversación

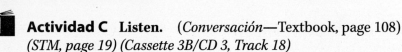

Actividad C Listen.   *(Conversación—Textbook, page 108)*
(STM, page 19) (Cassette 3B/CD 3, Track 18)

Listen to the conversation. Do not repeat.

Naranjas para abuelita

LEONOR: Abuelita, te compré unas naranjas preciosas en el supermercado.
ABUELITA: Ay, gracias, mi cielito. Pero ¿por qué no fuiste a la frutería del mercado San Miguel? Es donde yo siempre iba.
LEONOR: Yo fui allí una vez y no me gustó. ¿Por qué tú siempre hacías tus compras allí, abuelita?
ABUELITA: Ay, niña. Allí todo el mundo me conocía. Y todo era tan fresco. Todo lo podías ver. No estaba en paquetes de plástico. A propósito, ¿a cuánto estaban las naranjas?
LEONOR: No sé, abuelita.
ABUELITA: Sí, sabes. Yo sé que son muy caras. Recuerdo cuando estaban a diez pesos la docena.

Actividad D Listen and choose.
(STM, page 19) (Cassette 3B/CD 3, Track 18)

You will hear several questions about the conversation you just heard, each followed by three possible answers. Choose the correct answer and circle *a*, *b*, or *c* on your activity sheet.

1. ¿Qué compró la muchacha?
   a Pescado.
   b. Naranjas.
   c. Plástico.

2. ¿Dónde las compró?
   a. En el mercado San Miguel.
   b. En el supermercado.
   c. En la vitrina.

3. ¿Dónde compraba fruta la abuelita?
   a. En el mercado San Miguel.
   b. En el supermercado.
   c. En la vitrina.

4. ¿Cómo era todo en el mercado?
   a. Fresco.
   b. Caro.
   c. Precioso.

5. ¿Cuánto costaba la docena de naranjas en el pasado?
   a. Diez pesos.
   b. Doce pesos.
   c. Dieciséis pesos.

1. a (b) c

2. a (b) c

3. (a) b c

4. (a) b c

5. (a) b c

SEGUNDA PARTE

Actividad A Listen and answer.
(STM, page 19) (Cassette 3B/CD 3, Track 19)

Look at the ad on your activity sheet. In the pause provided, respond to each call, using the information from the ad.

1. ¿Qué precio tiene el litro de aceite de girasol?
   (105 pesetas.)
2. ¿Tienen Uds. leche condensada en lata, y a qué precio?
   (Sí, a 239 pesetas.)
3. ¿De qué tamaño es un paquete de azúcar?
   (1 kilo.)
4. ¿A cuánto está el arroz hoy?
   (A 115 pesetas el kilo.)
5. ¿Qué precio tienen las latas de tomate?
   (37 pesetas.)
6. ¿De qué tamaño es un paquete de café Neokafé?
   (250 gramos.)
7. ¿Cuánto cuesta una lata de aceitunas rellenas de anchoa?
   (99 pesetas.)

You will hear an advertisement, followed by several questions. As you listen, look at the answers on your activity sheet.

Hoy, en la Supertienda Robles, Robles, el rey de la ropa, vendemos ropa de mujer, ropa de hombre, ropa de niño, a precios increíbles. Escuchen: con el 30 por ciento de descuento, abrigos, abrigos para señores y abrigos para señoras, 30% de descuento. Zapatos, zapatos para mujeres a la mitad del precio normal, sí, oyeron bien, un descuento del 50%. Y para los hombres, una oferta muy especial, un par de zapatos gratis, gratis, ni un centavo. Si usted compra un par de zapatos le regalamos el segundo par gratis, no tiene que pagar nada. También en el departamento de ropa para hombres, corbatas, corbatas con un 20% de descuento, son preciosas. Estas ofertas son para hoy y mañana, nada más. Hoy y mañana, abrimos a las diez y no cerramos hasta las diez de la noche. Pueden pagar con tarjeta de crédito o cheque de viajero. Lo único que no aceptamos son cheques personales. Vengan todos a la super, super, Supertienda Robles para ropa re-ga-la-da.

Now listen to the questions. After each one, choose the correct answer and circle *a*, *b*, or *c* on your activity sheet.

1. ¿Qué venden en la Supertienda Robles?
2. ¿Para quiénes es la mercancía?
3. ¿Cuánto es el descuento para abrigos?
4. ¿Cuánto es el descuento para zapatos de mujer?
5. ¿Cuál es la oferta en zapatos para hombres?
6. ¿Qué artículo para hombres tiene un descuento del 20%?
7. ¿Por cuántos días son las ofertas?
8. ¿A qúe hora cierran hoy y mañana?
9. ¿Con qué no se puede pagar?

1. a. Comida. b. (Ropa.) c. Cheques de viajero.

2. a. Sólo para niños. b. Sólo para hombres. c. (Para hombres, mujeres y niños.)

3. a. 20% b. (30%) c. 50%

4. a. 20% b. 30% c. (50%)

5. (a.) Si compras un par, te dan el segundo par.

   b. Te dan un 30% de descuento.

   c. Todos los zapatos de hombre son gratis hoy.

6. a. Los zapatos. b. Los abrigos. c. (Las corbatas.)

7. a. Un día. b. (Dos días.) c. Diez días.

8. a. A las 3:00. b. A las 6:00. c. (A las 10:00.)

9. a. Con cheque de viajero. b. Con tarjeta de crédito. c. (Con cheque personal.)

Actividad C Listen and choose.

(STM, page 20) (Cassette 3B/CD 3, Track 21)

Look at the illustrations on your activity sheet. You will hear several short conversations. After each one, write the letter of the item the customer is buying next to the number of the conversation.

1. —¿Qué número lleva Ud., señorita?
   —El cuarenta y dos. Tengo el pie bastante ancho.
   —Aquí tenemos de todos los tamaños.
2. —Donde vamos este verano llueve mucho. ¿Qué me recomienda?
   —Este impermeable es excelente. Le va a mantener seco y cómodo.
   —Muy bien. Y este color azul es muy bonito.
3. —Me gusta ésta, con manga larga.
   —Es muy bonita. Es de algodón y es fácil de lavar.
4. —Quiero comprar un regalo para mi madre.
   —Tenemos relojes de pulsera a muy buen precio hoy. ¿Quiere ver algunos?
   —Sí, por favor. Ése de oro es precioso.
5. —¿Qué mariscos recomienda Ud. hoy?
   —La langosta está fresquísima y a buen precio.
   —Póngame una de kilo y medio, entonces.

1. <u>b</u>   3. <u>a</u>   5. <u>c</u>

2. <u>d</u>   4. <u>e</u>

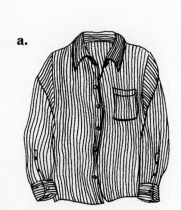
a.

b.

c.

d.

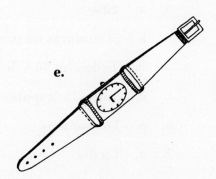
e.

STUDENT TAPE MANUAL, TEACHER EDITION
Copyright © Glencoe/McGraw-Hill

CAPÍTULO **5**

Los pasatiempos

PRIMERA PARTE

Vocabulario PALABRAS 1

Actividad A Listen and repeat.   (*Vocabulario, Palabras 1*—Textbook, pages 132–133) (*STM, page 21*) (*Cassette 4A/CD 4, Track 1*)

Listen and repeat after the speaker.

LOS PASATIEMPOS Y HOBBYS
el ajedrez
el tablero
el dominó
la ficha
las damas
el crucigrama
las monedas
los sellos

Luisa es coleccionista.
Colecciona sellos y monedas.
Mañana irá al centro.
Comprará unas monedas antiguas.

¿CÓMO PASARÁN EL TIEMPO MAÑANA?
Mañana Ramona jugará al ajedrez con un amigo.
Ella es más lista que su rival.
Ramona ganará. Será la campeona.

A Tomás le gustan los crucigramas.
Él llenará un crucigrama.

la sala de juegos
el futbolín
los juegos de video

Look at the illustrations on your activity sheet. You will hear a statement about each illustration. If the statement is true, circle **sí** on your activity sheet. If it is not true, circle **no**.

1. Los jóvenes están jugando al ajedrez.
2. Es un tablero para un juego de damas.
3. La muchacha es coleccionista de sellos.
4. Es una ficha de dominó.
5. La señora va a llenar el crucigrama.

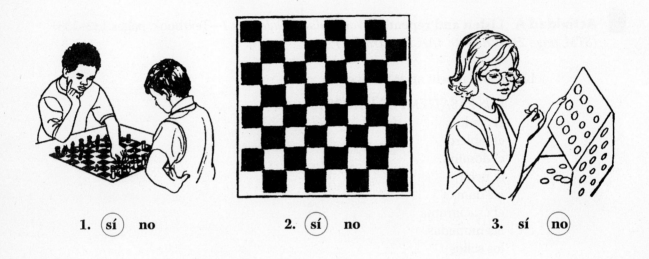

1. (**sí**) no   2. (**sí**) no   3. sí (**no**)

4. (**sí**) no   5. (**sí**) no

You will hear several statements, each followed by three possible answers. Choose the correct answer and circle *a, b,* or *c* on your activity sheet.

1. Rodolfo es coleccionista. ¿Qué colecciona él?
   a. Damas.
   b. Monedas.
   c. Piezas.

2. ¿Adónde vas esta tarde?
   a. A la sala de juegos.
   b. Al crucigrama.
   c. Al ajedrez.

3. Anita siempre gana, nunca pierde, ¿verdad?
   a. Sí, ella es coleccionista.
   b. Sí, ella irá al centro.
   c. Sí, ella es campeona.

4. Voy a jugar al futbolín. ¿Quieres jugar también?
   a. Claro, y voy a meter un gol.
   b. Sí, y tengo una ficha.
   c. Cómo no. Allí hay un tablero.

5. ¿Qué tienes allí en la pantalla?
   a. Es un crucigrama.
   b. Es un juego de video.
   c. Es una sala de juegos.

1. a (b) c

2. (a) b c

3. a b (c)

4. (a) b c

5. a (b) c

Vocabulario

Actividad D Listen and repeat.   (*Vocabulario, Palabras* 2—Textbook, pages 136–137)
(*STM, page 22*) (*Cassette 4A/CD 4, Track 3*)

Listen and repeat after the speaker.

EL PARQUE
el bote
remar por el lago
el lago

el mono
la jaula
el (parque) zoológico
el mimo
el payaso

la senda

Mucha gente da un paseo por el parque.
Ellos caminan por las sendas bonitas.

un helado
el globo
una piragua
Los niños quieren una piragua.
Mamá les comprará una piragua.
Les comprará un globo también.

la montaña rusa
la noria
el caballito
el tiovivo
a la izquierda
a la derecha
la boletería
el parque de atracciones

Los jóvenes irán al parque de
atracciones.
Están haciendo cola delante de la
boletería.
En la cola (fila) Alberto está detrás
de Alejandra.
Y Alejandra está delante de
Alberto.
La entrada al parque está al lado
de la boletería.

Actividad E Listen and choose.
(*STM, page 22*) (*Cassette 4A/CD 4, Track 4*)

Look at the illustrations on your activity sheet. You will hear several statements,
each describing one of the illustrations. Write the number of the statement under
the illustration it describes.

1. Mamá, quiero un globo, quiero un globo.
2. Ay, mira, allí hay un mimo.
3. Hace mucho calor. Voy a comprar una piragua.
4. Pues yo prefiero un helado.
5. Oh, ¡qué cómico es ese payaso!

5   3   1   4   2

STUDENT TAPE MANUAL, TEACHER EDITION
Copyright © Glencoe/McGraw-Hill

Actividad F   Listen and choose.
(STM, page 23) (Cassette 4A/CD 4, Track 4)

You will hear several statements. If the statement makes sense, circle **lógico** on your activity sheet. If it does not make sense, circle **ilógico**.

1. Puedes alquilar un bote para remar por el lago.
2. Los niños suben a los caballitos de la montaña rusa.
3. Podemos caminar por una senda muy bonita que va al lago.
4. En el parque zoológico podemos ver mimos y payasos.
5. Los monos están en unas jaulas. Son muy cómicos.
6. Mucha gente hace cola delante de la boletería para comprar boletos.
7. Si tienes hambre puedes comer una noria.

1. (lógico) ilógico   5. (lógico) ilógico

2. lógico (ilógico)   6. (lógico) ilógico

3. (lógico) ilógico   7. lógico (ilógico)

4. lógico (ilógico)

Estructura

Actividad A   Listen and answer.
(STM, page 23) (Cassette 4A/CD 4, Track 5)

You will hear a series of statements. Answer each one orally in the pause provided. First listen to the example.

Example: *(You hear)*   Patricia va a ir a la ciudad.
              (You say)   Patricia irá a la ciudad.

1. Patricia va a ir a la ciudad.
   (Patricia irá a la ciudad.)
2. Sus amigas van a ir con ella.
   (Sus amigas irán con ella.)
3. Ellas van a tomar el tren.
   (Ellas tomarán el tren.)
4. El tren va a llegar al mediodía.
   (El tren llegará al mediodía.)
5. Ricardo y Tomás las van a esperar en la estación.
   (Ricardo y Tomás las esperarán en la estación.)
6. Los muchachos van a ir al parque de atracciones.
   (Los muchachos irán al parque de atracciones.)
7. También van a visitar el zoológico.
   (También visitarán el zoológico.)
8. Allí lo van a pasar muy bien.
   (Allí lo pasarán muy bien.)
9. Y tú, ¿cuándo vas a visitar el zoológico?
   (Y tú, ¿cuándo visitarás el zoológico?)

Actividad B Look, listen, and answer.

(STM, page 23) (Cassette 4A/CD 4, Track 6)

You will hear several questions. Use the illustrations on your activity sheet to answer each question orally in the pause provided.

1. ¿Adónde irán Uds.?
   (Iremos al parque.)
2. ¿Qué comerás tú?
   (Comeré una piragua.)
3. ¿Quién será muy cómico?
   (Un payaso será muy cómico.)
4. ¿Dónde estarán los monos?
   (Los monos estarán en la jaula.)
5. ¿A qué subirán los niños?
   (Los niños subirán al tiovivo.)
6. ¿A qué hora volverán Uds. a casa?
   (Volveremos a casa a las cinco.)

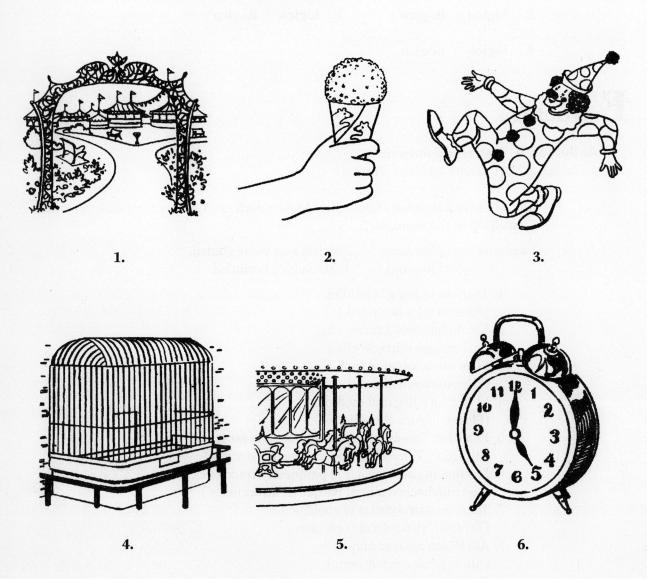

1. 2. 3.

4. 5. 6.

Actividad C Listen and choose.

(STM, page 24) (Cassette 4A/CD 4, Track 7)

You will hear a series of questions or statements. Decide whether each question or statement refers to the past (**ayer**) or the future (**mañana**) and check the appropriate column on your activity sheet.

1. Los muchachos jugaron a las damas.
2. Las muchachas jugarán al ajedrez.
3. ¿A qué jugarás tú?
4. Yo no jugué a nada.
5. Estudié.
6. Pero no estudiaré más.
7. Pablo y yo iremos a la sala de juegos.
8. Jugaremos todo el día.
9. ¿A qué hora volverás a casa?

	AYER	MAÑANA
1.	√	
2.		√
3.		√
4.	√	
5.	√	
6.		√
7.		√
8.		√
9.		√

STUDENT TAPE MANUAL, TEACHER EDITION
Copyright © Glencoe/McGraw-Hill

¡Buen viaje! Level 2   Capítulo 5 ⁰⁹ **53**

Actividad D Listen and answer.
(STM, page 24) (Cassette 4A/CD 4, Track 8)

You will hear several questions. Use the cues on your activity sheet to answer each one orally in the pause provided.

1. ¿Cuál es más grande?
   (Alaska es más grande que Rhode Island.)
2. ¿Cuál es más rápido?
   (El avión es más rápido que el tren.)
3. ¿Cuál es más antigua?
   (Roma es más antigua que Dallas.)
4. ¿Cuál es más alto?
   (El Empire State Building es más alto que la Casa Blanca.)
5. ¿Cuál es más caro?
   (El oro es más caro que la plata.)
6. ¿Cuál es más fuerte?
   (Un toro es más fuerte que un gato.)

1. **Alaska / Rhode Island**

2. **el tren / el avión**

3. **Roma / Dallas**

4. **el Empire State Building / la Casa Blanca**

5. **el oro / la plata**

6. **un toro / un gato**

Actividad E Listen and answer.
(STM, page 24) (Cassette 4A/CD 4, Track 9)

You will hear several questions. Answer each one orally in the pause provided. Since there is more than one correct answer to each question, you will not hear any recorded responses.

1. ¿Quién es el mejor alumno en tu clase de español?
2. ¿Cuál es el mejor equipo de fútbol profesional?
3. ¿Quién es mayor, tu padre o tu madre?
4. ¿En qué asignatura recibes tus mejores notas?
5. ¿Cuál es la peor de tus asignaturas?
6. ¿Quién es el o la menor de tu familia?

Conversación

Actividad F Listen. (*Conversación*—Textbook, page 146)
(STM, page 25) (Cassette 4A/CD 4, Track 10)

Listen to the conversation. Do not repeat.

Una diferencia de opinión

CLARITA: ¿Qué vamos a hacer mañana?

EUGENIO: No sé. Quizás iremos a casa de Felipe.

CLARITA: ¿A casa de Felipe? ¿Para qué?

EUGENIO: Jugaremos ajedrez.

CLARITA: ¿Jugar ajedrez? Estás loco. A mí no me gusta nada. Es el juego más aburrido...

EUGENIO: ¡Vale! ¡Vale! Pero te sentarás enfrente de una pantalla de video durante horas.

CLARITA: Tengo una idea. No jugaremos ajedrez y no miraremos videos. Iremos al cine.

Actividad G Listen and choose.
(STM, page 25) (Cassette 4A/CD 4, Track 10)

You will hear several questions about the conversation you just heard, each followed by three possible answers. Choose the correct answer and circle *a*, *b*, or *c* on your activity sheet.

1. ¿Adónde quiere ir el muchacho mañana?
   a. Al parque.
   b. A casa de un amigo.
   c. A la tienda de videos.

2. ¿Qué van a hacer en casa de Felipe?
   a. Jugar ajedrez.
   b. Mirar videos.
   c. Usar la computadora.

3. ¿Qué dice la muchacha del ajedrez?
   a. Que le fascina.
   b. Que es muy interesante.
   c. Que es muy aburrido.

4. ¿Qué prefiere hacer la muchacha?
   a. Jugar al futbolín.
   b. Mirar videos.
   c. Jugar ajedrez.

5. Según la muchacha, ¿adónde irán ellos mañana?
   a. A casa de Felipe.
   b. A la tienda de videos.
   c. Al cine.

1. a ⓑ c   3. a b ⓒ   5. a b ⓒ

2. ⓐ b c   4. a ⓑ c

SEGUNDA PARTE

Actividad A **Listen and choose.**
(STM, page 25) (Cassette 4A/CD 4, Track 11)

Look at the book titles on your activity sheet. You will hear several short descriptions. Write the number of the description next to the book it describes.

1. Este documento histórico es el diario de Manuel Azaña, presidente de la Segunda República Española. El diario cubre los años 1932 y 1933. La casa publicadora es Crítica.
2. Otra novela del popularísimo novelista español A. Pérez Reverte. Es el número uno entre las obras de ficción. *Limpieza de sangre* es el título y Alfaguara es la casa editorial.
3. En cuarto lugar entre los libros de no ficción está la biografía con el título *Felipe de España*. El autor es Henry Kamen y lo ha publicado Plaza y Janés.
4. También publicado por Plaza y Janés es la novela *Amor, Curiosidad* de Lucía Etxebarría. Este libro ocupa el lugar número cuatro entre las obras de ficción.
5. Y de la ya famosa autora chilena Isabel Allende, otra obra publicada por Plaza y Janés, número tres entre las obras de ficción, la novela *Afrodita*.

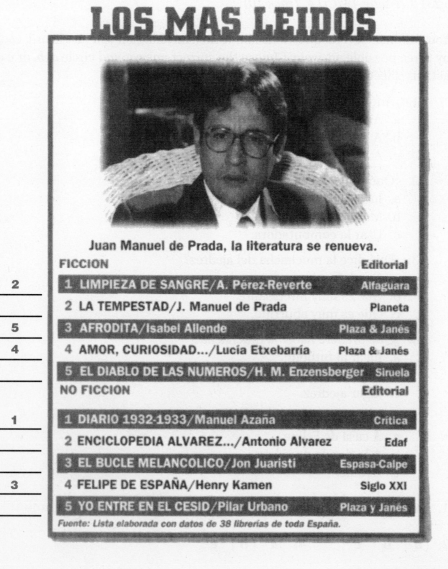

LOS MAS LEIDOS

Juan Manuel de Prada, la literatura se renueva.

	FICCION	Editorial
2	1 LIMPIEZA DE SANGRE/A. Pérez-Reverte	Alfaguara
	2 LA TEMPESTAD/J. Manuel de Prada	Planeta
5	3 AFRODITA/Isabel Allende	Plaza & Janés
4	4 AMOR, CURIOSIDAD.../Lucía Etxebarría	Plaza & Janés
	5 EL DIABLO DE LAS NUMEROS/H. M. Enzensberger	Siruela
	NO FICCION	**Editorial**
1	1 DIARIO 1932-1933/Manuel Azaña	Crítica
	2 ENCICLOPEDIA ALVAREZ.../Antonio Alvarez	Edaf
	3 EL BUCLE MELANCOLICO/Jon Juaristi	Espasa-Calpe
3	4 FELIPE DE ESPAÑA/Henry Kamen	Siglo XXI
	5 YO ENTRE EN EL CESID/Pilar Urbano	Plaza y Janés

Fuente: Lista elaborada con datos de 38 librerías de toda España.

You will hear several short conversations. On your activity sheet you will see questions about them, each followed by three possible answers. After each conversation, choose the correct answer to the question about it and circle *a*, *b*, or *c*.

1. —¿Cuál es una palabra de cuatro letras que comienza con «a» y que quiere decir, «un líquido» muy común?
   —¿Es la palabra vertical u horizontal? ¿Qué otra palabra tiene esa «a»?
2. —Es increíble como ese hombre te imita cada movimiento y expresión de la cara. Es como mirar en un espejo. Está todo de negro excepto la cara pintada de blanco y los guantes blancos.
3. —Y tú, ¿qué tienes? ¿La Guerra de las Galaxias o la Batalla de los Titanes?
   —Los dos. ¿Con cuál quieres jugar primero?
4. —Estoy cansada de remar. ¿Por qué no remas tú ahora?
   —Pues tú querías alquilar el bote. Pasear en bote me pone enferma.
5. —Ahora sube al caballito, niña, y pon las dos manos aquí para no caer. El caballito va a dar vueltas y subir y bajar con la música. ¿Estás bien?
   —Sí, sí, sí. Y mi caballito es el más bonito de todos.
6. —¿Cuáles te gustan más, los monos o los leones?
   —Yo siempre he preferido los animales grandes, los elefantes, los tigres, los gorilas.

1. **Hablan de _____ .**

   (a.) **un crucigrama**   b. **un video**   c. **un libro**

2. **Ella habla de _____ .**

   a. **una piragua**   **(b.)** **un mimo**   c. **un mono**

3. **Los muchachos hablan de _____ .**

   (a.) **videojuegos**   b. **películas**   c. **libros**

4. **Ellos están en _____ .**

   a. **la jaula**   b. **la noria**   **(c.)** **el lago**

5. **La niña está en _____ .**

   a. **el bote**   **(b.)** **el tiovivo**   c. **la boletería**

6. **Ellos están en _____ .**

   a. **la sala de juegos**   b. **el sendero**   **(c.)** **el zoológico**

Actividad C Listen.

(STM, page 26) (Cassette 4A/CD 4, Track 13)

Listen to the conversation. Do not repeat.

—Mira a los viejos. ¿Qué están haciendo ellos?
—Están jugando al dominó. Están aquí todos los días, excepto el domingo.
—Y ese ruido, ese clic, clic, ¿qué es?
—Esas son las fichas del dominó que ellos golpean contra la mesa.
—¿Te gustaría pasear en bote?
—No. Yo prefiero subir a la noria. Desde allí arriba puedes ver todo el parque.
—Buena idea. Voy enseguida a la boletería a comprar los tiques.
—Y yo compraré unas piraguas. ¿Qué gusto prefieres?
—Limón.

Actividad D Listen and choose.

(STM, page 26) (Cassette 4A/CD 4, Track 13)

You will hear several questions about the conversation you just heard. Choose the correct answer to each question and circle *a*, *b*, or *c* on your activity sheet.

1. ¿Dónde están los jóvenes?
   a. En el parque.
   b. En el zoológico.
   c. En la sala de juegos.

2. ¿Qué hacen los viejos?
   a. Pasean en bote.
   b. Caminan por la senda.
   c. Juegan al dominó.

3. ¿Con qué hacen ruido?
   a. Con las piraguas.
   b. Con las fichas.
   c. Con los botes.

4. ¿Qué día no juegan los viejos?
   a. Los domingos.
   b. Los lunes.
   c. Los sábados.

5. ¿Qué quiere hacer el muchacho?
   a. Pasear en bote.
   b. Jugar al dominó.
   c. Comer helado.

6. ¿Qué quiere hacer la muchacha?
   a. Mirar a los viejos.
   b. Ver los animales.
   c. Subir a la noria.

7. ¿Adónde va el joven?
   a. A comprar los tiques para la noria.
   b. Al lago.
   c. A comprar fichas de dominó.

8. ¿Qué va a comprar la muchacha?
   a. Botes.
   b. Tiques.
   c. Piraguas.

1. (a) b   c   5. (a) b   c

2. a   b (c)   6. a   b (c)

3. a (b) c   7. (a) b   c

4. (a) b   c   8. a   b (c)

CAPÍTULO 6

En el hotel

PRIMERA PARTE

Vocabulario PALABRAS 1

 Actividad A Listen and repeat. (*Vocabulario, Palabras 1*—Textbook, pages 162–163) (*STM, page 27*) (*Cassette 4B/CD 4, Track 14*)

Listen and repeat after the speaker.

LA LLEGADA AL HOTEL
el cliente, el huésped
el recepcionista
la recepcionista
la recepción

un cuarto sencillo
el cuarto, la habitación
Diego ya reservó un cuarto.
Reservó un cuarto sencillo, no un cuarto doble.

la ficha, la tarjeta
la llave
Diego llena la ficha.

el ascensor, el elevador
el botones, el mozo
El mozo le subirá el equipaje.
Subirá el equipaje en el ascensor.
El mozo le abrirá la puerta al cliente.
Él le pondrá el equipaje en el cuarto.

LA SALIDA DEL HOTEL
Diego saldrá del hotel hoy.
Tendrá que abandonar el cuarto antes del mediodía.
Él pedirá la cuenta y la pagará en la caja.
Pagará su factura con una tarjeta de crédito.

Actividad B Listen and choose.

(STM, page 27) (Cassette 4B/CD 4, Track 15)

Look at the illustrations on your activity sheet. You will hear several statements, each describing one of the illustrations. Write the number of the statement under the illustration it describes.

1. El cliente llena una ficha.
2. La recepcionista le da una llave.
3. El cliente sube en el ascensor.
4. El mozo le sube el equipaje.

4

1

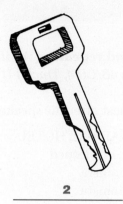

2

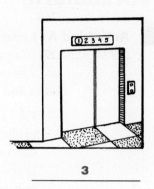

3

Actividad C Listen and choose.

(STM, page 28) (Cassette 4B/CD 4, Track 15)

You will hear several statements. If the statement makes sense, circle **sí** on your activity sheet. If it doesn't make sense, circle **no**.

1. El huésped es el cliente del hotel.
2. El botones llena la ficha.
3. La recepcionista le da la llave al cliente.
4. El mozo lleva el equipaje al cuarto del cliente.
5. El mozo abre la puerta con la tarjeta de crédito.
6. El mozo y el cliente suben en el elevador.
7. El cliente paga la factura en la caja.
8. El cliente paga la cuenta con su ficha.

1. (sí) no   5. sí (no)

2. sí (no)   6. (sí) no

3. (sí) no   7. (sí) no

4. (sí) no   8. sí (no)

60 ᏯᎧ **¡Buen viaje! Level 2   Capítulo 6**

STUDENT TAPE MANUAL, TEACHER EDITION
Copyright © Glencoe/McGraw-Hill

Vocabulario

PALABRAS 2

Actividad D Listen and repeat.   (*Vocabulario, Palabras 2*—Textbook, pages 166–167)
(*STM, page 28*) (*Cassette 4B/CD 4, Track 16*)

Listen and repeat after the speaker.

EN EL CUARTO	EN EL BAÑO
el aire acondicionado	la ducha
la percha, el colgador	la bañera
el armario	el jabón
la cama	el lavabo
la almohada	el inodoro, el váter
la sábana	la toalla
la manta, la frazada	
el sofá	La camarera limpiará el cuarto.
el televisor	Ella hará la cama.
el sillón	Y cambiará las toallas.

Actividad E Listen and choose.
(*STM, page 28*) (*Cassette 4B/CD 4, Track 17*)

You will hear a series of questions or statements, each followed by three possible
responses. Choose the correct response and circle *a*, *b*, or *c* on your activity sheet.

1. Hace mucho calor en este cuarto.
   a. Pues, prende el aire acondicionado.
   b. Pues, apaga el televisor.
   c. Pues, necesitas una manta.

2. ¿Dónde puedo poner la ropa?
   a. Allí está la cama.
   b. Allí en el armario.
   c. Sobre el sofá.

3. Esta noche va a hacer frío, dicen.
   a. Debes pedir más toallas.
   b. Vas a necesitar otra frazada.
   c. Pues, tienes un sillón.

4. Estoy muy cansado. Quiero dormir.
   a. Para eso está la cama.
   b. Puedes prender el televisor.
   c. ¿Quieres un colgador?

5. ¿Dónde estarán las perchas?
   a. En el sofá.
   b. En la almohada.
   c. En el armario.

6. Me gusta tener la cabeza más alta
   en la cama.
   a. Puedes pedir una sábana.
   b. ¿Quieres otra almohada?
   c. Ya tienes dos frazadas.

1. (a) b c

2. a (b) c

3. a (b) c

4. (a) b c

5. a b (c)

6. a (b) c

STUDENT TAPE MANUAL, TEACHER EDITION
Copyright © Glencoe/McGraw-Hill

¡Buen viaje! Level 2 Capítulo 6 61

Actividad F Listen and choose.
(STM, page 28) (Cassette 4B/CD 4, Track 17)

You will hear the names of several items. If the item belongs in the hotel room, circle *a* on your activity sheet. If it belongs in the bathroom, circle *b*.

1. las toallas
2. las sábanas
3. el armario
4. el jabón
5. el inodoro
6. la ducha
7. las mantas
8. la almohada
9. la cama

1. a (b)   6. a (b)

2. (a) b   7. (a) b

3. (a) b   8. (a) b

4. a (b)   9. (a) b

5. a (b)

Estructura

Actividad A Listen and answer.
(STM, page 28) (Cassette 4B/CD 4, Track 18)

You will hear several questions. Answer each one orally in the pause provided. First listen to the example.

Example: *(You hear)*   ¿Va a venir mañana la cliente?
           (You say)   Sí, ella vendrá mañana.

1. ¿Va a venir mañana la cliente?
   (Sí, ella vendrá mañana.)
2. ¿El recepcionista va a saber la hora de llegada?
   (Sí, él sabrá la hora de llegada.)
3. ¿La cliente va a tener que llenar una ficha?
   (Sí, ella tendrá que llenar una ficha.)
4. ¿El mozo va a poner el equipaje en el cuarto?
   (Sí, él pondrá el equipaje en el cuarto.)
5. ¿Ella va a salir el jueves?
   (Sí, ella saldrá el jueves.)
6. ¿Ella va a poder pagar con tarjeta de crédito?
   (Sí, ella podrá pagar con tarjeta de crédito.)

Actividad B Listen and choose.
(STM, page 28) (Cassette 4B/CD 4, Track 19)

You will hear a series of statements. If the statement refers to something that has already happened, check **ayer** on your activity sheet. If it refers to something that will happen, check **mañana**.

1. Samuel vino al hotel hoy.
2. Tomás y Luis vendrán pronto.
3. Tú tendrás que esperarlos en recepción.
4. Yo no podré hacerlo.
5. Yo no supe nada hasta hoy.
6. Ellos dirán otra cosa.
7. ¿Por qué no mandaron un fax?
8. Pues nosotros haremos lo posible.
9. Ellos querrán comer con nosotros más tarde.
10. Yo ya hice unas reservaciones.

	AYER	MAÑANA		AYER	MAÑANA
1.	√		6.		√
2.		√	7.	√	
3.		√	8.		√
4.		√	9.		√
5.	√		10.	√	

Actividad C Listen and choose.
(STM, page 29) (Cassette 4B/CD 4, Track 20)

You will hear several questions or statements, each followed by three possible answers. Choose the correct answer and circle *a*, *b*, or *c* on your activity sheet.

1. ¿Patricia te hizo la reservación?
   a. Sí, me la hizo.
   b. Sí, me lo hizo.
   c. Sí, nos los hizo.

2. ¿El recepcionista te dio la llave?
   a. Sí, me los dio.
   b. Sí, me las dio.
   c. Sí, me la dio.

3. ¿El mozo les subió las maletas para Uds.?
   a. Sí, te los subió.
   b. Sí, nos las subió.
   c. Sí, nos lo subió.

4. ¿Quién te abrió la puerta?
   a. El botones nos lo abrió.
   b. El botonos me los abrió.
   c. El botones me la abrió.

5. Papá me pagó la cuenta.
   a. ¿De veras te los pagó?
   b. ¿De veras nos las pagó?
   c. ¿De veras te la pagó?

6. ¿Quién les prendió el televisor?
   a. El botones nos lo prendió.
   b. El botones te la prendió.
   c. El botones nos las prendió.

1. (a) b c   3. a (b) c   5. a b (c)

2. a b (c)   4. a b (c)   6. (a) b c

Actividad D **Listen and answer.**
(STM, page 29) (Cassette 4B/CD 4, Track 21)

You will hear several questions. Use the cues on your activity sheet to answer each one orally in the pause provided. First listen to the example.

Example: *(You hear)*   ¿Quién te mandó el fax?
            (You see)   el hotel
            (You say)   El hotel me lo mandó.

1. ¿Quién te mandó el fax?
   (El hotel me lo mandó.)
2. ¿Ellos me hicieron la reservación?
   (Sí, ellos te la hicieron.)
3. ¿El recepcionista te pidió el pasaporte?
   (No, el recepcionista no me lo pidió.)
4. Y para Uds., ¿quién les cambió las toallas?
   (La camarera nos las cambió.)
5. ¿Y prendió el botones el televisor para Uds.?
   (Sí, el botones nos lo prendió.)
6. ¿Y quién les subió las maletas?
   (El mozo nos las subió.)

1. **el hotel**   4. **la camarera**

2. **sí**   5. **sí**

3. **no**   6. **el mozo**

Conversación

 Actividad E **Listen.** *(Conversación—Textbook, page 176)*
(STM, page 29) (Cassette 4B/CD 4, Track 22)

Listen to the conversation. Do not repeat.

La llegada al hotel

RECEPCIONISTA: Buenas tardes, señor. ¿Tiene Ud. una reservación?
CLIENTE: Sí, a nombre de Sorolla, Ramón Sorolla. Un cuarto sencillo para tres noches.
RECEPCIONISTA: Aquí está. Ud. saldrá el jueves, día doce. Querrá un baño privado, ¿no?
CLIENTE: Sí, claro.
RECEPCIONISTA: Le daré el tres cero dos. Es un cuarto muy bonito. Da al patio. Tendrá que llenar la ficha. ¿Y su pasaporte, por favor?
CLIENTE: ¿A qué hora tendré que abandonar el cuarto el día doce?
RECEPCIONISTA: Al mediodía.
CLIENTE: De acuerdo.
RECEPCIONISTA: Aquí tiene Ud. la llave. Samuel le subirá el equipaje. ¡Samuel!

STUDENT TAPE MANUAL, TEACHER EDITION
Copyright © Glencoe/McGraw-Hill

You will hear several questions about the conversation you just heard, each followed by three possible answers. Choose the correct answer and circle *a*, *b*, or *c* on your activity sheet.

1. ¿Cómo se llama el cliente?
   a. Samuel.
   b. Ramírez.
   c. Sorolla.

2. ¿Qué tipo de cuarto quiere el cliente?
   a. Un cuarto sencillo.
   b. Un cuarto doble.
   c. Un cuarto sin baño.

3. ¿Cuántas noches estará él en el hotel?
   a. Una.
   b. Dos.
   c. Tres.

4. ¿Qué día de la semana abandonará el cuarto?
   a. El lunes.
   b. El jueves.
   c. El sábado.

5. ¿Cuál es la fecha de la salida?
   a. El día dos.
   b. El día diez.
   c. El día doce.

6. ¿Qué tendrá que llenar el cliente?
   a. El pasaporte.
   b. La llave.
   c. La ficha.

7. El día que sale el cliente, ¿a qué hora tendrá que abandonar el cuarto?
   a. A las doce.
   b. A las dos.
   c. A las tres.

8. ¿Quién será Samuel?
   a. El cliente.
   b. El mozo.
   c. El recepcionista.

1. a   b   (c)   5. a   b   (c)

2. (a) b   c   6. a   b   (c)

3. a   b   (c)   7. (a) b   c

4. a   (b) c   8. a   (b) c

SEGUNDA PARTE

Actividad A   Listen and choose.
(STM, page 30) (Cassette 4B/CD 4, Track 23)

Look at the questions on your activity sheet. You will hear several short conversations. After each one, choose the correct answer to the question about it and circle *a*, *b*, or *c*.

1. —Sí, señor.
   —Estoy en el cuarto veintidós. No hay agua caliente en el baño.
   —En seguida lo atenderemos.
2. —Buenos días, señora Denia.
   —Buenos días. Se me ha olvidado la llave.
   —No se preocupe. Es la dos cero seis, ¿verdad? Aquí tiene otra llave.
3. —¿En qué puedo servirle, señor?
   —No me gusta la habitación que me han dado.
   —Se la cambiaremos. ¿Cuál es el problema?
   —La cama es muy incómoda.
4. —Buen día. ¿Tenían Uds. una reservación para María Luisa Álvaro?
   —Sí, señor. Para hoy y mañana.
   —Pues la señora Álvaro no vendrá hasta la semana que viene. Tenemos que cancelar la reservación.
   —Muy bien. Muchas gracias.
5. —¿Está don Francisco Romero en su cuarto?
   —No. Él acaba de salir.
   —Pues, quisiera dejarle estos papeles.
   —Yo se los guardo y cuando él vuelva se los daré.
   —Gracias, muy amable.
6. —Su apellido, por favor, señor.
   —Thurber, Philip Thurber.
   —Serber. ¿Con zeta o con ese?
   —No, con T-H. T-H-U-R-B-E-R.
7. —¿Hay servicio de autobuses del hotel al aeropuerto?
   —Sí, señora. Cada media hora.
   —¿Tengo que hacer una reservación?
   —Yo se la puedo hacer aquí mismo. ¿Para cuándo es?
   —Para mañana. Tengo un vuelo al mediodía.
8. —¿Dónde puedo comprar un periódico?
   —El botones se lo buscará. ¿Cuál prefiere Ud.?
   —*El Mercurio*, por favor.

1. **What is the problem?**

   a. The room is too expensive.

   b. There is no private bath.

   (c.) There is no hot water.

2. **What happened?**

   (a.) She forgot her key.

   b. She's dropping the key off at the desk.

   c. She wants to call room 206.

3. **What's the matter?**

   a. He wanted a double room.

   (b.) His bed is uncomfortable.

   c. His room isn't clean.

4. **What is the man doing?**

   a. Asking for a room.

   b. Looking for Mrs. Alvaro.

   (c.) Cancelling a reservation.

5. **What will the receptionist do?**

   a. Look for Mr. Romero.

   (b.) Hold some papers for Mr. Romero.

   c. Buy some newspapers for Mr. Romero.

6. **What is the confusion?**

   a. They can't find his reservation.

   b. There are two guests with the same name.

   (c.) The receptionist can't spell his name.

7. **What does the lady want?**

   (a.) Information on how to get to the airport.

   b. An airline ticket for tomorrow.

   c. A bus tour of the city.

8. **What is *El Mercurio* the name of?**

   a. The hotel.

   b. The bellman.

   (c.) A newspaper.

You have been asked to fill in at the Ponce Visitors Bureau. Use the hotel guide on your activity sheet to answer the telephone inquiries with one or two words in the pauses provided.

1. Soy millonario y me gustan los juegos como la ruleta, 21, el póker. ¿Qué hotel tiene casino?
   (El Ponce Hilton y Casino.)
2. Soy estudiante. No tengo mucho dinero. Quiero el hotel más barato, el más económico de la ciudad. ¿Cuál es?
   (El Hotel Bélgica.)
3. Yo soy piloto y tengo un avión privado. Prefiero un hotel muy cerca del aeropuerto Mercedita. ¿Hay uno? Y, ¿cuánto cuesta?
   (Days Inn. Cuesta entre $120 y 157.)
4. No me gustan los hoteles modernos. Queremos estar en un hotel antiguo en el centro. ¿Cuál es el más antiguo de la ciudad y qué precio tienen los cuartos?
   (El Hotel Meliá. Entre $65 y 75.)
5. Lo que más nos interesa es la vista de la ciudad y el mar. ¿Hay algún hotel con vista del mar y la ciudad? ¿Dónde está y cuánto cuesta?
   (El Holiday Inn, en la cima de una colina. Entre $110 y 165.)

		$	# de habitaciones	Restaurante	Bar	TV	Teléfono	AC	Piscina	Yacussi	Casino	Discoteca	Salón de conferencias	Tiendas	Tenis	Vista panorámica
Hotel Meliá	En el corazón de la zona histórica, es el hotel más antiguo de Ponce	$65-75	78	✓	✓	✓	✓	✓								✓
Holiday Inn	En la cima de una colina, ofrece una magnífica vista de la Ciudad y del Mar Caribe.	$110-165	120	✓	✓	✓	✓	✓	✓			✓	✓	✓		✓
Ponce Hilton & Casino	Moderno hotel de Ponce, con magníficas facilidades.	$140-160	156	✓	✓	✓	✓	✓	✓		✓	✓	✓	✓	✓	
Days Inn	A minutos del Aeropuerto Mercedita se encuentra este acogedor hotel	$120-157	121	✓	✓	✓	✓	✓	✓	✓		✓	✓			
Hotel Bélgica	A pasos de la Plaza Las Delicias, se encuentra este módico hotel	$40-50	20			✓		✓								
Colonial Guest House	Hermosa casona de estilo neoclásico con varias habitaciones disponibles	$65	10	✓	✓	✓	✓	✓		✓						

Actividad C Listen and write.
(STM, page 32) (Cassette 4B/CD 4, Track 25)

You will hear a radio review of a hotel. As you listen, look at the questions on your activity sheet. You will hear the review twice.

El gran Hotel Magno ha abierto sus puertas por primera vez este jueves. Hubo un gran banquete y baile. Asistieron el alcalde, los políticos, la gente del teatro y de la televisión–los que se consideran «los importantes de la ciudad». El Magno tiene seiscientas habitaciones, todas con baño privado, teléfono y televisión. Hay tres comedores. El más interesante es el Far West donde sirven barbacoas y carne de res estilo norteamericano. Hay grandes salones para reuniones. El banquete y baile del jueves tuvo lugar en el Salón Nuevo Mundo, el más grande de los salones, tan grande como el Salón Real del Hotel Palacio que ha sido siempre el más grande de la ciudad. La comida del jueves–mala, pero era banquete para mil personas. Volví a comer el sábado en el Far West: la comida–regular–no muy buena pero no muy mala. Precios, demasiado altos para la calidad de la comida. Visité los cuartos. Son grandes, con mucha luz. Son muy limpios, pero son nuevos. Veremos cómo estarán en algunos meses. Precios de los cuartos–entre 2000 y 3000 para una cama. Habitaciones de dos camas entre 2500 y 5000. Las suites valen de 5000 a 7000. Precios de los cuartos–normales. Lo importante es que nuestra ciudad ha necesitado más cuartos para el turismo desde hace mucho tiempo. Ahora tenemos 600 más.

Listen again to the review and write brief answers to the questions.

El gran Hotel Magno ha abierto sus puertas por primera vez, etc.

1. **What is the name of the new hotel?**

   Hotel Magno

2. **When did it open?**

   Thursday

3. **Who went to the banquet?**

   the mayor, politicians, theater people, TV people

4. **How many rooms does the hotel have?**

   600

5. **What do all the rooms have?**

   private bath, telephone, television

6. **How many restaurants are there?**

   3

7. **What is the name of the steak house?**

   Far West

8. **What is the _Nuevo Mundo_?**

   banquet room

9. **How was the food at the banquet on Thursday?**

   bad

10. **What about the meal on Saturday?**

    okay

11. **How are the guest rooms?**

    Big, clean, light

12. **How much is the cheapest room?**

    _2000_

13. **What does the critic think of the room prices?**

    normal

CAPÍTULO 7

El vuelo

PRIMERA PARTE

Vocabulario

PALABRAS 1

 Actividad A   Listen and repeat.   (*Vocabulario, Palabras 1*—Textbook, pages 192–193) (*STM, page 33*) (*Cassette 5A/CD 5, Track 1*)

Listen and repeat after the speaker.

EN EL AVIÓN
la tripulación
el comandante, el piloto
el co-piloto
la cabina de mando, la cabina de vuelo
los asistentes de vuelo

LA CABINA
la ventanilla
el compartimiento sobre la cabeza,
   el compartimiento superior
la señal de no fumar
la salida de emergencia
el asiento
el respaldo del asiento

la mesita
los audífonos, los auriculares
el pasillo
abrocharse el cinturón de seguridad
el chaleco salvavidas
la máscara de oxígeno
el lavabo, el aseo

La señora iría al lavabo, pero no puede. Está ocupado.
El asistente de vuelo hizo algunos anuncios.
Dijo que los asistentes de vuelo:
   pasarían por la cabina con los audífonos.
   distribuirían los audífonos.
   se los distribuirían a los pasajeros.
   servirían bebidas y una comida durante el vuelo.

y que en el caso de una emergencia las máscaras de oxígeno caerían
automáticamente.
También dijo que el equipaje de mano tendría que caber debajo del asiento o en
el compartimiento superior.

   la bandeja
   el carrito
   Durante el vuelo los asistentes de vuelo sirvieron una comida a los pasajeros.
   Se la sirvieron de un carrito.
   Se la sirvieron en una bandeja.

Actividad B Listen and choose.
(STM, page 33) (Cassette 5A/CD 5, Track 2)

Look at the illustrations on your activity sheet. You will hear several statements, each describing one of the illustrations. Write the number of the statement under the illustration it describes.

1. Es la cabina de mando.
2. Aquí está la comandante.
3. Y este señor es el co-piloto.
4. Un asistente de vuelo les sirve café.

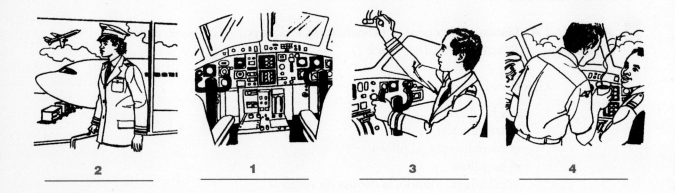

2	1	3	4

Actividad C Listen and choose.
(STM, page 34) (Cassette 5A/CD 5, Track 2)

Look at the words on your activity sheet. You will hear a series of definitions. After each one, write the number of the definition next to the word being defined.

1. Tienes que abrochar esto para el despegue y el aterrizaje.
2. Usas éstos para escuchar música en el avión.
3. En una emergencia sobre agua, tienes que ponerte esto.
4. En una emergencia la tripulación abre esto para dejar salir a los pasajeros.
5. Puedes poner tu equipaje de mano aquí.
6. Esto tiene que estar en posición vertical para el despegue y el aterrizaje.
7. Los asistentes de vuelo te ponen la comida en esto.
8. Si el avión pierde presión y es difícil respirar, tienes que usar una de éstas.

_____8_____ **una máscara de oxígeno**   _____1_____ **el cinturón de seguridad**

_____3_____ **un chaleco salvavidas**   _____4_____ **la salida de emergencia**

_____2_____ **los audífonos**   _____6_____ **el respaldo del asiento**

_____5_____ **el compartimiento   _____7_____ **la mesita**
sobre la cabeza**

Vocabulario

Actividad D **Listen and repeat.** (*Vocabulario, Palabras 2*—Textbook, pages 196–197) *(STM, page 34) (Cassette 5A/CD 5, Track 3)*

Listen and repeat after the speaker.

EN EL AEROPUERTO
la pista
el helicóptero
la avioneta
la torre de control
la terminal de pasajeros
el avión de reacción, el jet

el despegue
el aterrizaje

UN POCO DE GEOGRAFÍA
la montaña
el pico
la cordillera
la altura, la altitud
la meseta
el altiplano
la llanura
el lago
el valle

El comandante les habló a los pasajeros.
Les anunció que:
    despegarían a tiempo.
    el avión volaría a una altura de 10.000 metros.
    sería un vuelo directo; no harían escala.
    sobrevolarían los Andes.
    habría muy poca turbulencia durante el vuelo.

—¿Dijo el piloto a qué hora llegaríamos?
—No, sólo dijo que saldríamos a tiempo.

Actividad E **Listen and choose.**
(STM, page 34) (Cassette 5A/CD 5, Track 4)

Look at the words on your activity sheet. You will hear a series of definitions.
After each one, write the number of the definition next to the word being defined.

1. Aquí es donde los pasajeros facturan o recogen el equipaje, abordan o bajan de los aviones.
2. No es un avión, pero vuela. Puede subir y bajar verticalmente.
3. Es la acción de tocar tierra un avión o helicóptero. Es cuando baja a la pista.
4. Es la acción de levantar vuelo un avión o helicóptero. Es subir de la tierra.
5. Es un avión pequeño, normalmente con sólo un motor.
6. Es el lugar en donde aterrizan y despegan los aviones. Es como una carretera para aviones.
7. Es el lugar en el aeropuerto donde los controladores controlan los despegues y aterrizajes de los aviones.

____3____ **aterrizar**

____4____ **despegar**

____1____ **la terminal de pasajeros**

____6____ **la pista**

____7____ **la torre de control**

____2____ **el helicóptero**

____5____ **la avioneta**

Actividad F Listen and choose.
(STM, page 35) (Cassette 5A/CD 5, Track 4)

Look at the illustration on your activity sheet. You will hear several statements about it. Write the number of the statement in the appropriate circle on the illustration.

1. Allí en la distancia podemos ver el valle.
2. Esta montaña es la más alta del país.
3. El pico de la montaña está a unos 8.000 metros.
4. Forma parte de la cordillera.

Estructura

Actividad A Listen and answer.
(STM, page 35) (Cassette 5A/CD 5, Track 5)

You will hear several statements. Answer each one orally in the pause provided. First listen to the example.

Example: *(You hear)*   Yo viajaré en avión.
            (You say)   Pues yo no viajaría en avión.

1. Yo viajaré en avión.
   (Pues yo no viajaría en avión.)
2. Compraré un billete en primera.
   (Pues yo no compraría un billete en primera.)
3. Iré al aeropuerto en taxi.
   (Pues yo no iría al aeropuerto en taxi.)
4. Me sentaré en la primera fila.
   (Pues yo no me sentaría en la primera fila.)
5. Pediré unos audífonos.
   (Pues yo no pediría unos audífonos.)
6. Dormiré durante el vuelo.
   (Pues yo no dormiría durante el vuelo.)

STUDENT TAPE MANUAL, TEACHER EDITION
Copyright © Glencoe/McGraw-Hill

Actividad B Listen and answer.
(STM, page 35) (Cassette 5A/CD 5, Track 6)

You will hear several questions. Answer each question orally in the pause provided. First listen to the example.

Example: *(You hear)* ¿Los muchachos visitarán a México?
  (You say) Dijeron que visitarían a México.

1. ¿Los muchachos visitarán a México?
   (Dijeron que visitarían a México.)
2. ¿Viajarán en avión?
   (Dijeron que viajarían en avión.)
3. ¿Saldrán el domingo?
   (Dijeron que saldrían el domingo.)
4. ¿Te invitarán a ti?
   (Dijeron que me invitarían.)
5. ¿Estarán en México una semana?
   (Dijeron que estarían en México una semana.)
6. ¿Volverán el sábado?
   (Dijeron que volverían el sábado.)

Actividad C Listen and answer.
(STM, page 35) (Cassette 5A/CD 5, Track 7)

Look at the cues on your activity sheet. When you hear the number of the cue, ask Bárbara a question. First listen to the example.

Example: *(You hear)* 1
  (You see) ir / adónde
  (You say) Bárbara, ¿adónde irías?

1. (Bárbara, ¿adónde irías?)
2. (Bárbara, ¿adónde viajarías?)
3. (Bárbara, ¿dónde estarías?)
4. (Bárbara, ¿a quién visitarías?)
5. (Bárbara, ¿dónde comerías?)
6. (Bárbara, ¿cuándo volverías?)

1. **ir / adónde**   4. **visitar / a quién**

2. **viajar / adónde**   5. **comer / dónde**

3. **estar / dónde**   6. **volver / cuándo**

You will hear several questions, each followed by three possible answers. Choose the correct answer and circle *a, b,* or *c* on your activity sheet.

1. ¿La agente le facturó el equipaje del viajero?
   a. Sí, se lo facturó.
   b. Sí, se la facturó.
   c. Sí, nos los facturó.

2. ¿Ella te facturó el equipaje también?
   a. Sí, se la facturó.
   b. Sí, me lo facturó.
   c. Sí, se las facturó.

3. ¿Les dieron audífonos a todos los pasajeros?
   a. Sí, te lo dieron.
   b. Sí, se la dieron.
   c. Sí, se los dieron.

4. ¿Le ofrecieron una revista al señor?
   a. Sí, se la ofrecieron.
   b. Sí, nos lo ofrecieron.
   c. Sí, te las ofrecieron.

5. ¿Te sirvieron la comida?
   a. Sí, se lo sirvieron.
   b. Sí, me los sirvieron.
   c. Sí, me la sirvieron.

6. ¿El comandante les leyó las instrucciones a los pasajeros?
   a. Sí, se las leyó.
   b. Sí, nos lo leyó.
   c. Sí, se lo leyó.

7. ¿La señora le abrochó el cinturón al niño?
   a. Sí, se los abrochó.
   b. Sí, se lo abrochó.
   c. Sí, se las abrochó.

1. (a) b c

2. a (b) c

3. a b (c)

4. (a) b c

5. a b (c)

6. (a) b c

7. a (b) c

Actividad E Listen and answer.

(STM, page 35) (Cassette 5A/CD 5, Track 9)

You will hear several statements. Answer each one orally in the pause provided. First listen to the example.

Example: *(You hear)* La señora le compró los boletos.
   (You say) La señora se los compró.

1. El agente le facturó las maletas.
   (El agente se las facturó.)
2. Ella le ofreció los periódicos a la señora.
   (Ella se los ofreció.)
3. Yo te di los audífonos.
   (Yo te los di.)
4. El piloto nos dio la información.
   (El piloto nos la dio.)
5. El asistente les sirvió la comida a todos.
   (El asistente se la sirvió.)
6. Él le indicó el lavabo a la señora.
   (Él se lo indicó.)

Conversación

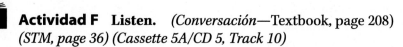

Actividad F Listen. *(Conversación—Textbook, page 208)*
(STM, page 36) (Cassette 5A/CD 5, Track 10)

Listen to the conversation. Do not repeat.

En el avión

ADELA: No pude oír el anuncio. ¿Qué dijo el asistente de vuelo?
VÍCTOR: Que el vuelo sería de tres horas y que llegaríamos a La Paz a tiempo.
ADELA: ¡Qué bien! La comida está bastante buena, ¿no?
VÍCTOR: Sí. No sabía que nos servirían una comida. Es un vuelo bastante corto.
ADELA: ¿Qué piensas? ¿Habrá una película?
VÍCTOR: No. Me dijeron que no podrían presentar una película porque no habría tiempo.

You will hear several questions about the conversation you just heard, each followed by three possible answers. Choose the correct answer and circle *a, b,* or *c* on your activity sheet.

1. ¿Qué son las personas que hablan?
   a. Asistentes de vuelo.
   b. Pilotos.
   c. Pasajeros.
2. ¿Cuál es su destino?
   a. San Juan.
   b. La Paz.
   c. Caracas.
3. ¿Cuánto tiempo durará el vuelo?
   a. Una hora.
   b. Dos horas.
   c. Tres horas.
4. ¿Qué dice la mujer de la comida?
   a. Que es muy buena.
   b. Que no hay bastante.
   c. Que está fría.
5. ¿Por qué no pueden presentar una película?
   a. Porque el proyector no funciona.
   b. Porque no hay audífonos.
   c. Porque el vuelo es muy corto.

1. a b (c)

2. a (b) c

3. a b (c)

4. (a) b c

5. a b (c)

SEGUNDA PARTE

Actividad A Listen and answer.
(STM, page 36) (Cassette 5A/CD 5, Track 11)

You are working for Halcón Viajes. Use the ad on your activity sheet to answer clients' questions orally in the pauses provided. You will have ten seconds to look over the ad.

1. En México, en Cancún, ¿cuál cuesta más, el Hotel Margarita o el Holiday Inn Cancún Centro?
   (El Holiday Inn Cancún Centro.)
2. Me gustaría viajar a Nueva York y quedarme una semana. ¿Cuál es el mejor precio que ofrecen por una semana en Nueva York?
   (117.400.)
3. Quiero pasar nueve días en el Caribe. ¿Cuál es su oferta más barata?
   (100.200 en La Habana en Cuba.)
4. ¿En qué hoteles podemos quedarnos en Nueva York?
   (Hotel West Side Studios y Hotel Ramada Milford Plaza.)
5. Yo sólo quiero un boleto de avión, ida y vuelta, a Santo Domingo. ¿Cuál es el mejor precio para un vuelo de ida y vuelta a Santo Domingo?
   (86.900.)
6. Por favor, ¿me podría decir cuál es la línea aérea que Uds. usan para viajes a la República Dominicana?
   (Air Europa.)
7. Yo no vivo en Madrid. ¿Cuántas oficinas tienen Uds. en España?
   (500.)
8. En Nueva York, ¿es más caro el Hotel West Side Studios o el Hotel Ramada Milford Plaza?
   (El Hotel Ramada Milford Plaza.)
9. Si quiero estar un día más en el Hotel Margarita de Cancún, México, ¿cuánto me va a costar?
   (2.400.)

You will hear an announcement aboard an aircraft. Listen. Do not repeat.

> Buenas tardes y bienvenidos a bordo del vuelo 876 con destino a la ciudad de San Juan, Puerto Rico. En pocos momentos estaremos despegando. Somos el tercero en orden de despegue. Nuestro tiempo de vuelo será de tres horas con veinte minutos. Estaremos aterrizando en el Aeropuerto Internacional Luis Muñoz Marín a las 5:40 de la tarde, hora local. Acuérdense que la hora de Puerto Rico es hora estándard del Atlántico, una hora más tarde que la costa este de los EE.UU. Poco después del despegue estaremos sirviendo bebidas y un almuerzo. También les estamos ofreciendo una película. Si quieren ver la película, el precio de los audífonos es cuatro dólares. La película es la comedia *Academia Loca* con Carlos Cintrón y Marta Soriano.
>
> Ahora, por favor, asegúrense que sus cinturones estén abrochados y que sus mesitas estén en posición vertical. Todo equipaje de mano debe estar debajo de los asientos o en los compartimientos superiores. De parte del comandante Ramón Bulnes y toda la tripulación les deseamos un viaje placentero. Muchas gracias.

Now listen to each statement about the announcement. If the statement is true, circle **sí** on your activity sheet. If the statement is not true, circle **no**.

1. El número del vuelo es 876.
2. El destino del vuelo es Santo Domingo.
3. Pronto van a aterrizar.
4. Son el tercero en orden de despegue.
5. El vuelo va a durar tres horas y veinte minutos.
6. Llegarán al Aeropuerto Internacional Luis Muñoz Marín a las 5:00 de la mañana.
7. La hora de Puerto Rico es Pacific Standard Time.
8. Después del despegue van a servir bebidas y un almuerzo.
9. En este vuelo van a presentar una película.
10. Los audífonos cuestan veinte dólares.
11. Carlos Cintrón y Marta Soriano son asistentes de vuelo.
12. Ramón Bulnes es el piloto.

1. (sí) no
2. sí (no)
3. sí (no)
4. (sí) no
5. (sí) no
6. sí (no)

7. sí (no)
8. (sí) no
9. (sí) no
10. sí (no)
11. sí (no)
12. (sí) no

Actividad C Listen and choose.
(STM, page 36) (Cassette 5A/CD 5, Track 13)

As you listen to a series of announcements, look at the list of people on your activity sheet. After each announcement, write the number next to the person who made it.

1. Iberia 6-6-2, sigue a la pista 12 R. Eres el quinto en orden de despegue. Espera hasta que aterrice el jumbo de Air France. Después del despegue sube a 2 mil metros y vira a la derecha.
2. Buenos días, torre. Somos TACA 531. Habla la comandante Suárez. Estamos a 5.500 metros, y vamos bajando. Hay un DC10 de Avianca delante de nosotros a unos 15 kilómetros.
3. Lamento que no podemos servir ninguna bebida en estos momentos a causa de la turbulencia. El capitán no nos permite servir nada. Pero él nos dirá el momento que salimos de la turbulencia y con mucho gusto les serviremos.
4. Aquí tiene Ud. sus talones para el equipaje. Todo está facturado hasta Barcelona. La puerta de salida es la quince. Pueden Uds. pasar ahora a la sala de espera si quieren. Pensamos abordar unos veinte minutos antes de la hora de salida. ¡Feliz viaje!
5. Por favor, ¿me podría dar unos audífonos? Me gustaría ver la película. Ah, y también me podría traer un poco de agua mineral. Tengo mucha sed.

___2___ **la piloto**

___1___ **el controlador de tráfico aéreo**

___3___ **el asistente de vuelo**

___5___ **el pasajero**

___4___ **la agente de la línea aérea**

.

CAPÍTULO 8

Emergencias médicas

PRIMERA PARTE

Vocabulario PALABRAS 1

 Actividad A   Listen and repeat.   (*Vocabulario, Palabras 1*—Textbook, pages 232–233) (*STM, page 37*) (*Cassette 5B/CD 5, Track 14*)

Listen and repeat after the speaker.

UN ACCIDENTE
hacerse daño, lastimarse
Antonio ha tenido un accidente.
Se cayó de su bicicleta y se hizo daño (se lastimó).
Se rompió el dedo.
Parece que no se ha roto la pierna.

Anita se ha torcido el tobillo.
Tiene el tobillo muy hinchado.
Pero no tiene fractura.

Tomás tiene una herida.
Se ha cortado el dedo.

MÁS PARTES DEL CUERPO
el cuello
el hombro
el pecho
el codo
la muñeca
el brazo
el dedo
la rodilla
la pierna
el tobillo
el pie

¡A LA SALA DE EMERGENCIA!
la ambulancia
la camilla
el socorrista
el servicio de primeros auxilios

Ha habido un accidente.
El accidente acaba de tener lugar.
Ha llegado el servicio de primeros auxilios.
Los socorristas han ayudado a la víctima.
La van a llevar al hospital en una ambulancia.

UNA PICADURA
Una abeja le ha picado a Tere.
Le ha picado en el hombro.
Ella no se siente bien. Le duele mucho.

LA CARA
la frente
la mejilla
el ojo
la nariz
el oído
la oreja
el labio

Look at the illustration on your activity sheet. You will hear a series of statements, each describing a part of the body. Write the number of the statement in the circle next to the part of the body it describes.

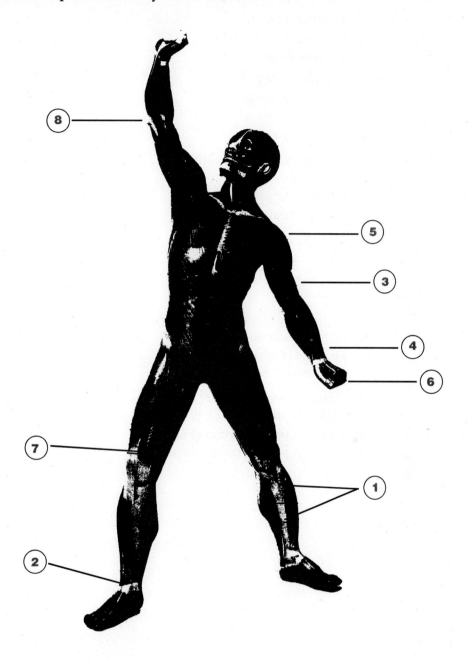

1. Me duele mucho la pierna.
2. Se me torció el tobillo.
3. Al muchacho se le rompió el brazo.
4. También le duele la muñeca.
5. Juan se cayó y se lastimó el hombro.
6. Y yo no puedo escribir porque me corté el dedo.
7. Mi hermana se lastimó la rodilla esquiando.
8. Y también se hizo daño al codo.

Actividad C Listen and choose.

(STM, page 37) (Cassette 5B/CD 5, Track 15)

You will hear several questions, each followed by three possible answers. Choose the correct answer and circle *a, b,* or *c* on your activity sheet.

1. ¿Cómo se hizo daño?
   a. Se abrió los ojos.
   b. Se cayó de la bicicleta.
   c. Vio una abeja.

2. ¿Tiene una herida?
   a. Sí, se cortó el pie.
   b. Sí, está muy bien.
   c. Sí, de ida y vuelta.

3. ¿Quiénes lo llevaron al hospital?
   a. Las víctimas.
   b. Las abejas.
   c. Los socorristas.

4. ¿Y cómo lo llevaron al hospital?
   a. En una ambulancia.
   b. Con una picadura.
   c. En la rodilla.

5. ¿Por qué tiene la muchacha la cara hinchada?
   a. Le ha picado una abeja.
   b. Le duele la oreja.
   c. Llamaron al hospital.

6. ¿Por qué no nos puede oír?
   a. Tiene un problema con la mejilla.
   b. Tiene un problema con el oído.
   c. Tiene un problema con el ojo.

1. a (b) c

2. (a) b c

3. a b (c)

4. (a) b c

5. (a) b c

6. a (b) c

Vocabulario

PALABRAS 2

Actividad D Listen and repeat.   (*Vocabulario, Palabras 2*—Textbook, pages 236–237) *(STM, page 38) (Cassette 5B/CD 5, Track 16)*

Listen and repeat after the speaker.

> EN EL HOSPITAL
> las muletas
> el formulario
> la recepción
> la silla de ruedas
> José ha llenado un formulario.
> Lo ha llenado en la recepción.
>
> la enfermera
> La enfermera le ha tomado la tensión (presión) arterial.
> Le ha tomado el pulso también.
>
> los rayos equis
> El técnico le ha tomado una radiografía.
> El joven tiene una fractura.
>
> El cirujano ortopédico le ha reducido el hueso.
> Ha puesto el brazo en un yeso.
>
> un vendaje
> Paco tiene una herida.
> La médica le ha cerrado la herida.
> La ha cerrado con unos puntos.
> Y le ha puesto un vendaje.
>
> Los dos jóvenes están enfermos.
> El uno está tan enfermo como el otro.
> José tiene tantos dolores como Paco.

Actividad E Listen and choose.
(STM, page 38) (Cassette 5B/CD 5, Track 17)

Look at the list of people on your activity sheet. You will hear several statements. Write the number of the statement next to the person who made it.

1. Ahora voy a tomarle la presión arterial y la temperatura.
2. Está en la camilla. Lo trajimos aquí en la ambulancia después del accidente.
3. Y le he sacado las radiografías y las voy a llevar al médico.
4. Acabo de reducir la fractura y le pondré ahora las suturas.
5. Mi médica me mandó venir aquí al hospital. Resbalé y me caí y tengo el tobillo hinchado.
6. Bueno, ahora puede llenar este formulario y le llamaremos en unos minutos.

6 **una recepcionista**	**5** **un paciente**
1 **un enfermero**	**3** **un técnico de rayos equis**
4 **una médica**	**2** **una socorrista**

Look at the illustrations on your activity sheet. You will hear several statements, each describing one of the illustrations. Write the number of the statement under the illustration it describes.

1. El enfermero le ha puesto un vendaje.
2. Ellos le han puesto el tobillo en un yeso.
3. La médica le cerró la herida con unos puntos.
4. Aquí tenemos una radiografía.
5. Le han tomado el pulso.
6. Tendrá que andar con muletas.

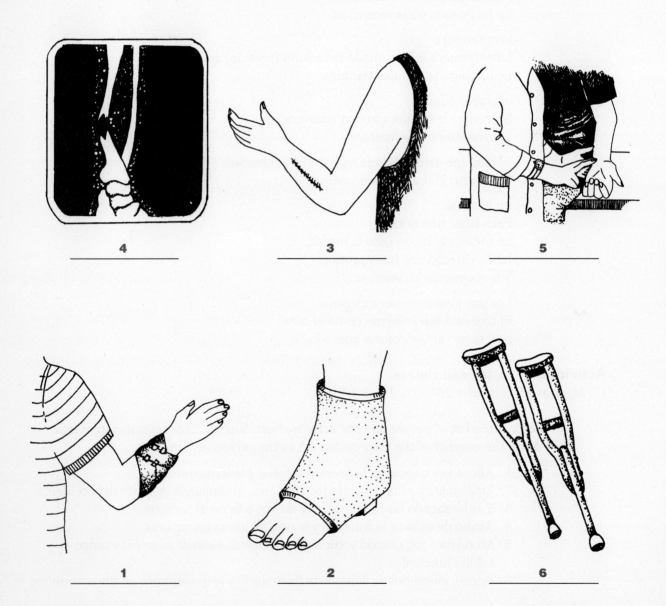

Estructura

Actividad A Listen and answer.
(STM, page 39) (Cassette 5B/CD 5, Track 18)

You will hear a series of questions. Answer each one orally in the pause provided. First listen to the example.

Example: *(You hear)* ¿Ella entró en el hospital?
          (You say)   Sí, ella ha entrado en el hospital.

1. ¿Ella entró en el hospital?
   (Sí, ella ha entrado en el hospital.)
2. ¿Ella llenó un formulario?
   (Sí, ella ha llenado un formulario.)
3. ¿Ella tuvo un accidente?
   (Sí, ella ha tenido un accidente.)
4. ¿Los socorristas la llevaron a la sala de emergencia?
   (Sí, los socorristas la han llevado a la sala de emergencia.)
5. ¿La examinó un médico?
   (Sí, un médico la ha examinado.)
6. ¿Le tomaron la tensión arterial?
   (Sí, le han tomado la tensión arterial.)
7. ¿Le sacaron unas radiografías?
   (Sí, le han sacado unas radiografías.)
8. ¿Le dieron una inyección?
   (Sí, le han dado una inyección.)
9. ¿Se durmió?
   (Sí, se ha dormido.)

Actividad B Listen and choose.
(STM, page 39) (Cassette 5B/CD 5, Track 19)

You will hear several questions, each followed by three possible answers. Choose the correct answer and circle *a*, *b*, or *c* on your activity sheet.

1. ¿Te hiciste daño?
   a. Sí, me he hecho daño.
   b. Sí, se ha hecho daño.
   c. Sí, lo han hecho daño.

2. ¿Ella recibió una inyección?
   a. No, no hemos recibido una inyección.
   b. No, no ha recibido una inyección.
   c. No, no has recibido una inyección.

3. ¿Uds. lo llamaron?
   a. Sí, lo hemos llamado.
   b. Sí, lo has llamado.
   c. Sí, lo han llamado.

4. ¿Los socorristas lo llevaron al hospital?
   a. Sí, lo he llevado al hospital.
   b. Sí, lo has llevado al hospital.
   c. Sí, lo han llevado al hospital.

5. ¿Tú lo viste?
   a. No, no lo he visto.
   b. No, no lo has visto.
   c. No, no lo han visto.

6. ¿Ellos volvieron al hospital?
   a. Sí, he vuelto al hospital.
   b. Sí, hemos vuelto al hospital.
   c. Sí, han vuelto al hospital.

7. ¿Uds. pudieron volver?
   a. Sí, hemos podido volver.
   b. Sí, han podido volver.
   c. Sí, ha podido volver.

1. (a) b   c

2. a (b) c

3. (a) b   c

4. a   b (c)

5. (a) b   c

6. a   b (c)

7. (a) b   c

Actividad C   Listen and answer.
(STM, page 39) (Cassette 5B/CD 5, Track 20)

You will hear several statements. Respond to each one orally in the pause provided.
First listen to the example.

Example: *(You hear)*   Yo tengo mucho dolor.
           (You say)   Pues yo tengo tanto dolor como tú.

1. Yo tengo mucho dolor.
   (Pues yo tengo tanto dolor como tú.)
2. Yo tengo muchos vendajes.
   (Pues yo tengo tantos vendajes como tú.)
3. Yo tengo mucha fiebre.
   (Pues yo tengo tanta fiebre como tú.)
4. Yo tengo muchas alergias.
   (Pues yo tengo tantas alergias como tú.)
5. Yo tengo muchos problemas.
   (Pues yo tengo tantos problemas como tú.)

Actividad D Listen and answer.
(STM, page 39) (Cassette 5B/CD 5, Track 21)

You will hear several statements. Respond to each one orally in the pause provided, using the cues on your activity sheet. First listen to the example.

Example:　*(You hear)*　¿Es el enfermero el más alto?
　　　　　　(You see)　el técnico
　　　　　　(You say)　No, el técnico es tan alto como el enfermero.

1. ¿Es el enfermero el más alto?
   (No, el técnico es tan alto como el enfermero.)
2. ¿Es la doctora Méndez la más inteligente?
   (No, la doctora Reyes es tan inteligente como la doctora Méndez.)
3. ¿Es el Hospital Central el más moderno?
   (No, el Hospital Nacional es tan moderno como el Hospital Central.)
4. Es la Clínica Díaz la más cara?
   (No, la Clínica Flores es tan cara como la Clínica Díaz.)

1. **el técnico**

2. **la doctora Reyes**

3. **el Hospital Nacional**

4. **la Clínica Flores**

Conversación

 Actividad E Listen.　*(Conversación—Textbook, page 246)*
(STM, page 39) (Cassette 5B/CD 5, Track 22)

Listen to the conversation. Do not repeat.

Una fractura

MÓNICA:　Pablo, ¿cómo te sientes? ¿Qué te ha pasado?
PABLO:　Pues, no sé. Me han tomado una radiografía. Pero todavía no me han dado los resultados.
MÓNICA:　Aquí viene la médica ahora.
MÉDICA:　Pablo, tengo la radiografía. Indica que te has roto el tobillo.
PABLO:　¿Me he roto el tobillo?
MÉDICA:　Sí, pero no es una fractura grave. Te voy a poner el tobillo en un yeso y podrás salir del hospital. Voy a volver enseguida y reduciré el hueso.
PABLO:　¿Dónde? ¿Aquí? ¿Ahora? Me va a doler mucho, ¿no?
MÉDICA:　Pablo, no debes estar tan nervioso. ¿La enfermera te ha tomado la tensión arterial?
PABLO:　Mónica, ¿te quedarás conmigo?

Actividad F Listen and choose.
(STM, page 39) (Cassette 5B/CD 5, Track 22)

You will hear several questions about the conversation you just heard. On your activity sheet you will see four possible answers for each question. Choose the correct answer and circle a, b, c, or d.

1. ¿Quién ha tenido un accidente?
2. ¿Quién vino a visitar al enfermo?
3. ¿Quién tiene los resultados de la radiografía?
4. ¿Quién tiene una fractura?
5. ¿Quién dice que no es una fractura grave?
6. ¿Quién le ha tomado la tensión arterial al enfermo?
7. ¿Quién reducirá el hueso?

a. **Mónica**   b. **Pablo**   c. **la médica**   d. **la enfermera**

1. a (b) c d   4. a (b) c d   7. a b (c) d

2. (a) b c d   5. a b (c) d

3. a b (c) d   6. a b c (d)

SEGUNDA PARTE

Actividad A Listen and write.
(STM, page 40) (Cassette 5B/CD 5, Track 23)

You will hear a conversation between a hospital admissions clerk and a person being admitted. As you listen, look at the form on your activity sheet.

—Su nombre y apellidos, por favor.
—Carlos Restrepo Oliver.
—¿Su dirección?
—Calle Luna, número 7.
—¿Y su edad, por favor?
—Tengo 20 años.
—¿Casado?
—No, soy soltero.
—¿Compañía para quien trabaja?
—Líneas Aéreas Nacionales.
—¿Tiene Ud. seguro médico?
—Sí, señora. La compañía de seguros es La Metropolitana.
—Y, ¿qué síntomas tiene?
—Dolores de cabeza y fiebre.
—¿Quién le recomendó venir aquí?
—La Doctora Pérez Maldonado.

Now listen to the conversation again and complete the form on your activity sheet according to the information in the conversation.

—Su nombre y apellidos, por favor, etc.

You will have twenty seconds to complete the form.

Hospital ☤ La Merced

33 años sirviendo a la comunidad

NOMBRE: Carlos

APELLIDOS: Restrepo Oliver   **EDAD:** 20

DIRECCIÓN: **CALLE:** Luna   **N°:** 7

ESTADO CIVIL: **CASADO(A)** _____

                  SOLTERO(A) √ _____

                  VIUDO(A) _____

EMPLEADOR: Líneas Aéreas Nacionales

SEGURO MÉDICO: **SÍ** √ _____

                 NO _____

COMPAÑÍA DE SEGUROS: La Metropolitana

SÍNTOMAS: dolores de cabeza, fiebre

REFERENCIA: Dra. Pérez Maldonado

Actividad B   Listen and choose.
(STM, page 40) (Cassette 5B/CD 5, Track 24)

You will hear a conversation between two doctors. The conversation will be followed by two questions, each with three possible answers. Choose the correct answer to each question and circle *a*, *b*, or *c* on your activity sheet.

—Casi no tiene pulso. Está muy grave.
—Sí. Se ve. Está inconsciente. Es un ataque cardíaco. No hay duda.
—¿Él sufría del corazón?
—No sé. No es paciente mío.
—¡Rápido! ¡A la sala de emergencia!

1. ¿Qué le pasó al paciente?
   a. Ha sufrido un ataque al corazón.
   b. Dice que tiene dolor.
   c. Se rompió una pierna.

2. ¿Adónde van a llevar al paciente?
   a. A una ambulancia.
   b. A la sala de emergencia.
   c. A la recepción.

1. (a) b c   2. a (b) c

You have been asked to keep a log of accidents reported to the first aid squad dispatcher. As you listen, fill in the checklist on your activity sheet.

1. Tenemos a una joven de 17 años. Accidente de tránsito. Fractura del brazo. Vamos al hospital.
2. Un señor bastante mayor, de unos setenta años, se resbaló y se cayó. Se cortó el brazo y necesitará suturas. Ya está en la ambulancia.
3. Jugadora de tenis. Veinte años. Se torció la rodilla. No vemos ningún indicio de fractura, pero le duele bastante. La pusimos en la camilla. Saldremos en seguida.
4. Niño de cinco años se cayó de la bicicleta y parece que se ha roto el brazo. Dice que le duele mucho. Los padres están muy nerviosos.

1. **Accidente: sí** —√— **no** —— **Hombre** —— **Mujer** —√— **Edad:** __17__

    Fractura: sí —√— **no** —— **Corte: sí** —— **no** —√—

    Brazo —√— **Pierna** —— **Tobillo** —— **Rodilla** ——

2. **Accidente: sí** —√— **no** —— **Hombre** —√— **Mujer** —— **Edad:** __70__

    Fractura: sí —— **no** —√— **Corte: sí** —√— **no** ——

    Brazo —√— **Pierna** —— **Tobillo** —— **Rodilla** ——

3. **Accidente: sí** —√— **no** —— **Hombre** —— **Mujer** —√— **Edad:** __20__

    Fractura: sí —— **no** —√— **Corte: sí** —— **no** —√—

    Brazo —— **Pierna** —— **Tobillo** —— **Rodilla** —√—

4. **Accidente: sí** —√— **no** —— **Hombre** —√— **Mujer** —— **Edad:** __5__

    Fractura: sí —√— **no** —— **Corte: sí** —— **no** —√—

    Brazo —√— **Pierna** —— **Tobillo** —— **Rodilla** ——

Actividad D   Listen and write.
(STM, page 41) (Cassette 5B/CD 5, Track 26)

> You will hear an announcement in a hospital. As you listen, write brief answers to the questions on your activity sheet.

> Doctora Arriaga a maternidad, por favor. Todos los ortopedas a una reunión con el doctor Funes en el Salón B, por favor.

You will have fifteen seconds to complete your answers.

1. **Where should Dr. Arriaga go?**

   maternity
   _____

2. **Who is meeting with Dr. Funes?**

   all the orthopedic surgeons
   _____

3. **Where is their meeting taking place?**

   Room B
   _____

Actividad E   Listen and write.
(STM, page 42) (Cassette 5B/CD 5, Track 27)

> You will hear a conversation between a nurse and a patient. As you listen, fill out the form on your activity sheet.

> —Su nombre completo, por favor.
> —Anamaría Gómez Lara.
> —Su edad, por favor.
> —Tengo diecinueve años.
> —¿Cuánto pesa Ud.?
> —Cincuenta kilos.
> —¿Cuánto mide Ud.?
> —Exactamente un metro con 40 centímetros.
> —¿Fuma Ud.?
> —Sí, fumo.
> —Y, ¿tiene tos?
> —Sí, toso mucho, todo el día.
> —¿Algo más?
> —Pues, sí. Me duele el oído.
> —Ay, se me olvidó. ¿Cuál es su dirección?
> —Vivo en el número 20 de la Calle Mayor.
> —¿Tiene teléfono?
> —Sí, es el 33-09-49.
> —Vale. Muchas gracias.

You will have twenty seconds to complete your answers.

```
┌ ─ ─ ─ ─ ─ ─ ─ ─ ─ ─ ─ ─ ─ ─ ─ ─ ─ ─ ─ ─ ─ ─ ┐
```

Nombre del paciente <u> Anamaría Gómez Lara</u>

Domicilio del paciente <u> 20 de la Calle Mayor</u>

Número de teléfono <u> 33-09-49</u>

Edad en años <u> 19</u>

Peso en kilos <u> 50</u>

Altura en metros y centímetros <u> 1 m 40 cm</u>

Fuma: Sí <u> √ </u> **No** <u>   </u>

Observaciones <u> </u>

```
└ ─ ─ ─ ─ ─ ─ ─ ─ ─ ─ ─ ─ ─ ─ ─ ─ ─ ─ ─ ─ ─ ─ ┘
```

Actividad F Listen and respond.
(STM, page 42) (Cassette 5B/CD 5, Track 28)

You are working for the people who make the dietary supplement Gevral. Use the ad on your activity sheet to answer callers' questions orally in the pauses provided. You will have ten seconds to look over the ad.

1. Buenos días. Me podría decir, por favor, ¿cuántas vitaminas están incluidas en cada sobre de Gevral?
   (10)
2. Tengo deficiencia de calcio. ¿Cuánto calcio contiene un sobre de Gevral?
   (160 mg.)
3. Yo no tomo leche nunca. ¿Gevral se disuelve en agua?
   (Sí)
4. El médico me ha dicho que necesito más hierro en mi dieta. ¿Cúanto hierro está en cada sobre de Gevral?
   (2,5 mg.)
5. A mí me gusta mucho el helado de vainilla. ¿Gevral viene con sabor a vainilla?
   (Sí)

94 ∽ **¡Buen viaje! Level 2 Capítulo 8**

STUDENT TAPE MANUAL, TEACHER EDITION
Copyright © Glencoe/McGraw-Hill

EN CADA *Sobre* ENCONTRARÁS...

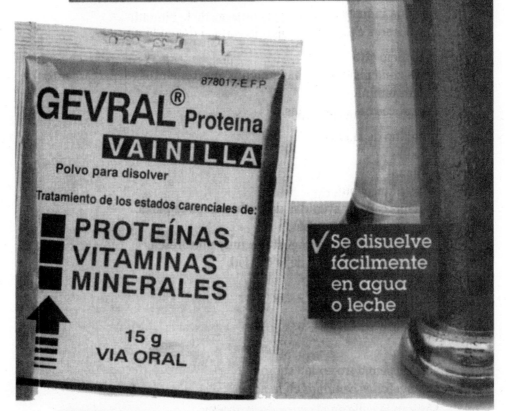

10 Vitaminas incluidas las antioxidantes

30% de las proteínas recomendadas diariamente

9 Minerales y oligoelementos

2,5 mg. de hierro

160 mg. de calcio

878017-E.F.P.

GEVRAL® Proteina
VAINILLA
Polvo para disolver
Tratamiento de los estados carenciales de:
■ **PROTEÍNAS**
■ **VITAMINAS**
■ **MINERALES**
15 g
VIA ORAL

✓ Se disuelve fácilmente en agua o leche

GEVRAL® Proteína es un complejo proteico-vitamínico mineral adecuado para el tratamiento de estados carenciales del organismo, tales como: agotamiento, decaimiento, estrés, convalecencia, dietas desequilibradas y dietas de adelgazamiento.

Ciudad y campo

PRIMERA PARTE

Vocabulario   PALABRAS 1

 Actividad A Listen and repeat. (*Vocabulario, Palabras 1*—Textbook, pages 262–263) (*STM, page 43*) (*Cassette 6A/CD 6, Track 1*)

Listen and repeat after the speaker.

EN LA CIUDAD
el rascacielos
la oficina
En la zona comercial hay muchas oficinas y tiendas.
Eran las siete y media de la tarde y mucha gente estaba saliendo de sus oficinas.

la fábrica
La zona industrial está en las afueras de la ciudad.
Los obreros estaban trabajando todo el día en la fábrica.

el edificio alto
En la zona residencial hay muchos apartamentos (departamentos) y condominios.
Hay pocas casas privadas.

un plano de la ciudad
la calle
la plaza
la avenida, el bulevar
Muchas calles y avenidas desembocan en la plaza.
Las avenidas son anchas.
Esta calle o callecita angosta es muy pintoresca.
Está en el barrio viejo de la ciudad.
el semáforo
el cruce
la esquina
los peatones
la acera
Hay un semáforo en la esquina.
Los peatones caminan en la acera.
Cruzan la calle en el cruce de peatones.

el autobús, la guagua, el camión
La gente estaba esperando en la parada del bus.

LA ESTACIÓN DEL METRO
la boca del metro
la escalera mecánica
el tique
el torniquete
La señorita estaba subiendo la escalera mecánica.
El señor estaba metiendo el tique en la ranura del torniquete.

Actividad B Listen and choose.
(STM, page 43) (Cassette 6A/CD 6, Track 2)

Look at the illustrations on your activity sheet. You will hear several statements,
each describing one of the illustrations. Write the number of the statement under
the illustration it describes.

1. En esa fábrica producen papel.
2. Mira, acaban de construir ese rascacielos.
3. Mi mamá trabaja en esa oficina.
4. Vivimos en un apartamento en una zona residencial.
5. Muy cerca de casa hay una plaza muy bonita.

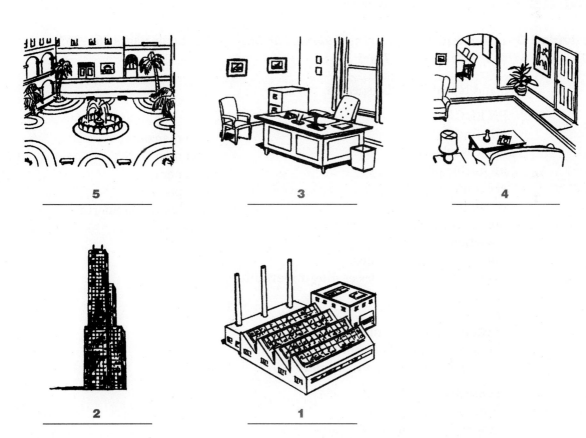

5 _____ 3 _____ 4 _____

2 _____ 1 _____

Actividad C Listen and choose.
(STM, page 44) (Cassette 6A/CD 6, Track 2)

You will hear several statements. If the statement makes sense, circle **sí** on your activity sheet. If it does not make sense, circle **no**.

1. Normalmente una avenida es más ancha que una callecita.
2. Las casas privadas están en el barrio residencial.
3. Los obreros trabajan en oficinas.
4. Puedes subir del metro en una escalera mecánica.
5. Cuando el semáforo está en verde, los vehículos no pueden andar.
6. Los peatones caminan por la acera.
7. Los pasajeros pasan por un torniquete para entrar al metro.
8. La gente sube o baja del autobús en las paradas.

1. (sí) no   4. (sí) no   7. (sí) no

2. (sí) no   5. sí (no)   8. (sí) no

3. sí (no)   6. (sí) no

Vocabulario

PALABRAS 2

Actividad D Listen and repeat. (*Vocabulario, Palabras 2*—Textbook, pages 266–267)
(STM, page 44) (Cassette 6A/CD 6, Track 3)

Listen and repeat after the speaker.

EN EL CAMPO
una finca
una casa de campo
un pueblo pequeño
el campesino
el campo
Los campesinos viven en el campo.
Ellos tienen una finca.
Ellos cultivan los campos.
El cultivo de los cereales es muy importante.
el trigo
el maíz
El campesino va a sembrar cereales.
No está sembrándolos ahora.
Va a sembrarlos en la primavera.

la cosecha
cosechar
Y van a cosecharlos en el otoño.

el ganado
las vacas
los cerdos
las gallinas
Los agricultores crían animales domésticos.

la manzana
el manzano
la pera
el peral
el huerto, la huerta
los vegetales

Actividad E Listen and choose.
(STM, page 44) (Cassette 6A/CD 6, Track 4)

Look at the illustrations on your activity sheet. You will hear several statements, each describing one of the illustrations. Write the number of the statement under the illustration it describes.

1. Es una pera.
2. Es un manzano.
3. Es una manzana.
4. Es una naranja.
5. Es un naranjo.
6. Es un peral.

2

3

6

1

5

4

Actividad F   Listen and choose.

(STM, page 44) (Cassette 6A/CD 6, Track 4)

Look at the list of words on your activity sheet. You will hear several definitions.
Write the number of the definition next to the word it defines.

1. Es una persona que vive y trabaja en el campo.
2. Casa y tierras en el campo.
3. La acción de plantar cereales, vegetales y frutas en la primavera.
4. La acción de recoger los cereales, los vegetales y las frutas, normalmente en el otoño.
5. El animal que nos da la leche, queso, helado y todos los productos lácteos.
6. El animal que pone huevos.
7. Éste es el animal que nos da el jamón, el chorizo y el bacón.
8. Este vegetal tiene su origen en América. Los indios lo cultivaron primero.

4	**la cosecha**	**7**	**el cerdo**
3	**la siembra**	**6**	**la gallina**
2	**la finca**	**8**	**el maiz**
1	**el campesino**	**5**	**la vaca**

Estructura

Actividad A   Listen and answer.

(STM, page 45) (Cassette 6A/CD 6, Track 5)

You will hear several questions. Answer each one orally in the pause provided, using
the cues on your activity sheet. First listen to the example.

Example: *(You hear)*   ¿Qué hacían los campesinos?
           (You see)   sembrar
           (You say)   Estaban sembrando.

1. ¿Qué hacían los campesinos?
   (Estaban sembrando.)
2. ¿Qué hacía el cerdo?
   (Estaba comiendo.)
3. ¿Qué hacían los peatones?
   (Estaban caminando.)
4. ¿Qué hacías tú?
   (Estaba esperando el bus.)

5. ¿Qué hacían los obreros?
   (Estaban trabajando.)
6. ¿Qué hacían Uds.?
   (Estábamos cosechando.)
7. Y yo, ¿qué hacía?
   (Estabas viajando.)

1. **sembrar**   5. **trabajar**

2. **comer**   6. **cosechar**

3. **caminar**   7. **viajar**

4. **esperar el bus**

Actividad B Listen and answer.

(STM, page 45) (Cassette 6A/CD 6, Track 6)

You will hear several questions. Answer each one orally in the pause provided. First listen to the example.

Example: *(You hear)*   ¿Qué decía el niño?
            (You say)   No estaba diciendo nada.

1. ¿Qué decía el niño?
   (No estaba diciendo nada.)
2. ¿Qué pedías tú?
   (No estaba pidiendo nada.)
3. ¿Qué servían Uds.?
   (No estábamos sirviendo nada.)
4. ¿Qué repetían los alumnos?
   (No estaban repitiendo nada.)
5. ¿Qué construían los obreros?
   (No estaban construyendo nada.)
6. ¿Qué servía el mesero?
   (No estaba sirviendo nada.)
7. ¿Qué leía papá?
   (No estaba leyendo nada.)
8. ¿Qué traía el campesino?
   (No estaba trayendo nada.)

Actividad C Listen and answer.

(STM, page 45) (Cassette 6A/CD 6, Track 7)

You will hear several questions. Answer each one orally in the pause provided. First listen to the example.

Example: *(You hear)*   ¿El señor te mostraba la finca?
            (You say)   Sí, me la estaba mostrando. *or*
                            Sí, estaba mostrándomela.

1. ¿El señor te mostraba la finca?
   (Sí, me la estaba mostrando. / Sí, estaba mostrándomela.)
2. ¿Te describía la casa?
   (Sí, me la estaba describiendo. / Sí, estaba describiéndomela.)
3. ¿Mirabas a los campesinos?
   (Sí, los estaba mirando. / Sí, estaba mirándolos.)
4. ¿Los campesinos sembraban el trigo?
   (Sí, lo estaban sembrando. / Sí, estaban sembrándolo.)
5. ¿Los cerdos comían el maíz?
   (Sí, lo estaban comiendo. / Sí, estaban comiéndolo.)
6. Y las gallinas, ¿ponían los huevos?
   (Sí, los estaban poniendo. / Sí, estaban poniéndolos.)

Actividad D Listen and answer.

(STM, page 45) (Cassette 6A/CD 6, Track 8)

You will hear several questions. Answer each one orally in the pause provided. First listen to the example.

Example:　*(You hear)*　¿Vas a comprar la finca?
　　　　　　(You say)　No, porque acabo de comprarla.

1. ¿Vas a bañarte?
   (No, porque acabo de bañarme.)
2. ¿Vas a cepillarte los dientes?
   (No, porque acabo de cepillármelos.)
3. ¿Vas a leer el periódico?
   (No, porque acabo de leerlo.)
4. ¿Vas a escribir la carta?
   (No, porque acabo de escribirla.)
5. ¿Vas a llamar a abuelita?
   (No, porque acabo de llamarle.)
6. ¿Vas a hacer las tareas?
   (No, porque acabo de hacerlas.)
7. ¿Vas a comprar la finca?
   (No, porque acabo de comprarla.)
8. ¿Vas a comprar los tiques?
   (No, porque acabo de comprarlos.)
9. ¿Vas a sembrar el maíz?
   (No, porque acabo de sembrarlo.)

Actividad E Listen and answer.

(STM, page 45) (Cassette 6A/CD 6, Track 9)

Look at the cues on your activity sheet. When you hear the number of the cue, answer orally in the pause provided. First listen to the example.

Example:　*(You hear)*　1
　　　　　　(You see)　casa
　　　　　　(You say)　No me gusta ésta, ni ésa. Me gusta aquélla.

1. (No me gusta ésta, ni ésa. Me gusta aquélla.)
2. (No me gustan éstas, ni ésas. Me gustan aquéllas.)
3. (No me gustan éstos, ni ésos. Me gustan aquéllos.)
4. (No me gusta éste, ni ése. Me gusta aquél.)
5. (No me gustan éstas, ni ésas. Me gustan aquéllas.)

1. casa　　　4. ganado

2. vacas　　　5. manzanas

3. tomates

Conversación

Actividad F   Listen.   (*Conversación*—Textbook, page 276)
(STM, page 45) (Cassette 6A/CD 6, Track 10)

Listen to the conversation. Do not repeat.

El campo y la ciudad

LUPE: ¿Te gusta vivir en el campo? ¿Qué haces? ¿No es aburrido?

MÓNICA: De ninguna manera, Lupe. El otro día estaba hablando con mi amigo Miguel. Estaba diciéndole todo lo que podemos hacer aquí en este pueblo.

LUPE: Pero en la ciudad tenemos cines, museos. Tenemos de todo. Y puedes tomar el bus o el metro para ir de un lugar a otro. Todo es tan conveniente.

MÓNICA: Sí, pero aquí no tienes que esperar el semáforo para cruzar la calle. ¿Y sabes lo que es el automóvil? Tenemos uno y podemos usarlo sin pasar horas en el tráfico.

LUPE: Sí, lo sé. Pero yo nunca viviría en el campo.

MÓNICA: Y yo nunca viviría en la ciudad. No me gustaría vivir sin aire puro y mucho espacio. Voy a pasear a caballo. ¿Quieres acompañarme?

LUPE: ¿A caballo?

Actividad G   Listen and choose.
(STM, page 45) (Cassette 6A/CD 6, Track 10)

You will hear several statements about the conversation you just heard. If the statement describes Mónica, the country girl, circle *M* on your activity sheet. If it describes Lupe, the city girl, circle *L*.

1. Ella cree que la vida en el campo será aburrida.
2. Ella va a todas partes en bus o en metro.
3. A ella le gusta pasear a caballo.
4. Miguel es su amigo.
5. Ella nunca viviría en el campo.
6. Ella quiere respirar el aire puro.
7. Su familia tiene un coche.
8. Ella cree que es muy conveniente ir al cine o a un museo.

1.   M   (L)   5.   M   (L)

2.   M   (L)   6.   (M)   L

3.   (M)   L   7.   (M)   L

4.   (M)   L   8.   M   (L)

SEGUNDA PARTE

Actividad A Listen and answer.
(STM, page 46) (Cassette 6A/CD 6, Track 11)

Look at the map on your activity sheet. You are working for Madrid Metro. When people ask you questions about how to travel by subway in Madrid, give brief answers orally in the pauses provided. You will have a few seconds to look over the map.

1. Estoy en Legazpi y quiero ir a Moncloa. ¿Qué línea debo tomar, la línea 3 o la línea 4?
   (La línea 3.)
2. La línea 2. Si subo en Cuatro Caminos, ¿cuál es la última parada de la línea 2?
   (Ventas.)
3. Si tomo la línea 2 en Sol dirección Ventas, ¿cuántas paradas hay entre Sol y Retiro?
   (Tres.)
4. Por favor, soy estudiante en la universidad y vivo en Legazpi. ¿Me puede decir el número de la línea que va desde Legazpi a la Ciudad Universitaria?
   (Seis.)
5. Vivo en Aluche. Para ir de Aluche a Príncipe Pío, ¿cuál de las líneas debo tomar, la línea 10 o la línea 5?
   (La línea 10.)

RED DE METRO DE MADRID

INAUGURACIONES PREVISTAS EN EL SEGUNDO SEMESTRE DE 1998

Mar de Cristal-Santa María   Gregorio Marañón-Canal   Pavones-Puerta de Arganda

Este plano es una gentileza del Consorcio Regional de Transportes

Actividad B **Listen and choose.**
(STM, page 47) (Cassette 6A/CD 6, Track 12)

You will hear several statements. After each one, decide whether the speaker is in the country or the city and check the appropriate column on your activity sheet.

1. Rodrigo, tienes que darle más agua a esas plantas. Se están secando. Si no tenemos cuidado vamos a perder la cosecha.
2. Puedes venir a visitarnos cuando quieras. La finca es grande y ya ves que tenemos muchos cuartos sin usar.
3. Sí, sí. El Museo de Arte Moderno está en la próxima esquina a mano derecha. Es un edificio de tres pisos, es fácil de encontrar.
4. Hay una boca de metro muy cerca. Baje Ud. por esta avenida y verá que está a tres cuadras de aquí, frente al Banco Nacional.
5. Los campesinos dicen que si no llueve será un desastre. No ha llovido en varias semanas. Normalmente llueve bastante durante estos meses.
6. Esta huerta es hermosa. Como ves tenemos perales y manzanos. La fruta es deliciosa. La llevamos a la ciudad para venderla.
7. Y tenemos bastante ganado. Pero no vamos a vender ahora porque el precio de la carne es muy bajo.
8. Por este bulevar hay un rascacielos detrás de otro. Es una zona comercial con muchísimas oficinas y edificios de bancos y compañías multinacionales.
9. Oye, Pepe, ¿no les has dado de comer a las gallinas? ¿Qué te pasa? Tienes tiempo para pasear a caballo, pero no tienes tiempo para tus tareas.
10. Sí, señora. Este bus va al centro. Pasamos por la Plaza de la Revolución, bajamos por la Avenida Independencia hasta llegar a la Plaza de la República, nuestra última parada.

	EL CAMPO	LA CIUDAD
1.	√	
2.	√	
3.		√
4.		√
5.	√	
6.	√	
7.	√	
8.		√
9.	√	
10.		√

Look at the schedule on your activity sheet. You are working for TRAPSA, the Madrid Tour Bus company. When customers call with questions about the tours, use the schedule to answer each question orally in the pause provided. You will have 15 seconds to look over the schedule.

1. Quiero conocer muy bien la ciudad. Por eso me interesa un ticket válido por dos días. ¿Me podría decir el precio de un ticket para dos días?
   (Dos mil novecientas pesetas.)
2. Tengo dos hijos, una niña de nueve años y un niño de once. Quiero llevarlos en el tour. ¿Uds. dan un descuento para niños? Y si los dan, ¿cuánto es?
   (Hay un descuento de 40% para niños.)
3. Quiero tomar un tour lo más temprano por la mañana posible. Estoy en un hotel en la Plaza de España. ¿A qué hora comienza el primer tour que puedo tomar desde la Plaza de España?
   (El primer tour comienza a las nueve y veinte de la mañana.)
4. Estoy mirando su horario y veo que las horas de 12:50, 13:35, 14:25 y 15:10 están en negro. ¿Me podría decir por qué?
   (No hay servicios. Es hora del almuerzo.)
5. Estamos en un hotelito en la Gran Vía al lado de la Telefónica. Estaremos ocupados durante el día. Por eso quisiera saber, ¿a qué hora sale el último tour desde la Telefónica?
   (El último tour sale a las siete menos cuarto.)
6. Nuestro hotel es el Hotel París en la Puerta del Sol. Creo que Uds. tienen una parada en la Puerta del Sol. ¿Hay algún tour que salga de la Puerta del Sol más o menos al mediodía, un poco antes o después de las doce?
   (Un tour sale a las doce menos tres, otro a la una menos dieciocho.)
7. Yo tengo tiempo sólo para un tour panorámico. No me interesa tomar el bus más que una vez. ¿Qué precio tiene un solo viaje turístico?
   (Mil setecientas pesetas.)
8. Nos hospedamos en el Hotel Ritz en el Paseo del Prado. Nos interesa salir en su tour sobre las cuatro de la tarde. ¿Tienen Uds. un tour saliendo del Paseo del Prado más o menos a las cuatro de la tarde?
   (Un tour sale a las cuatro y veinte.)
9. ¿Me podría decir, por favor, la hora que sale el primer bus por la mañana del Palacio Real?.
   (A las nueve y media.)
10. Vamos a almorzar en el Hard Rock Café. Creo que terminaremos de comer un poco antes de las cuatro de la tarde. ¿Podemos tomar uno de sus buses a esa hora desde el Hard Rock?
    (Sí, a las cuatro y cinco.)

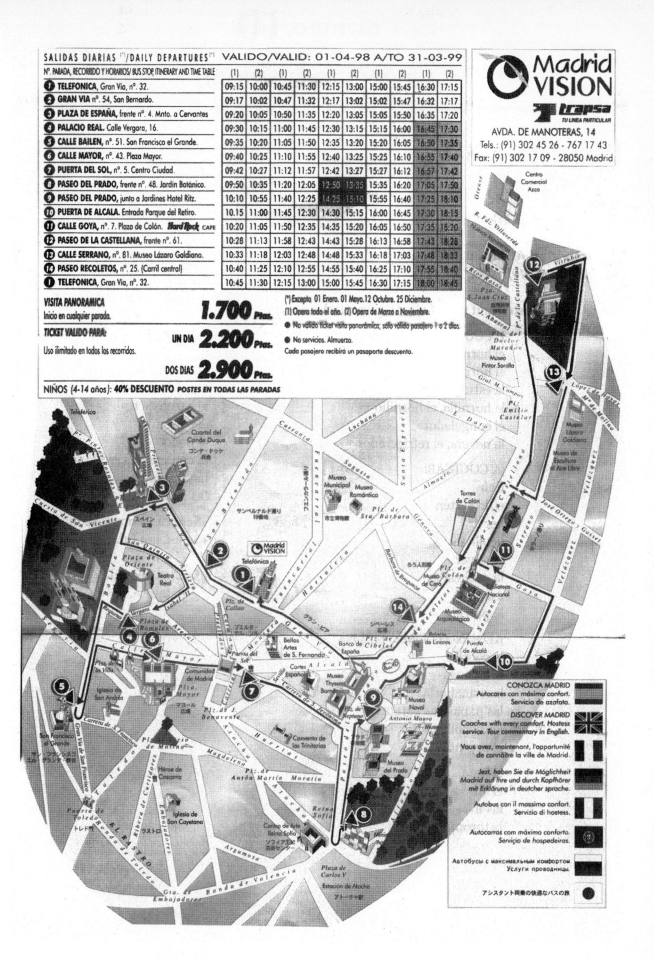

CAPÍTULO 10

La cocina hispana

PRIMERA PARTE

Vocabulario

 Actividad A Listen and repeat. (*Vocabulario, Palabras 1*—Textbook, pages 292–293) (*STM, page 49*) (*Cassette 6B/CD 6, Track 14*)

Listen and repeat after the speaker.

LA COCINA
el horno
el horno de microondas
la estufa
la hornilla, el hornillo
el congelador
la nevera, el refrigerador

¡A COCINAR!
freír
el/la sartén
hervir
la olla
revolver
la cazuela
asar
la parrilla

ALGUNOS COMESTIBLES
la coliflor
la lechuga
las zanahorias
las papas, las patatas
las cebollas
el pepino

la lima
el limón
las uvas
la toronja

la pimienta
la sal
el azúcar
la salchicha, el chorizo
la carne de res
el cordero
el pollo
la chuleta de cerdo
la ternera
la costilla

«Señorita, coma Ud. más».
«Señor, ase Ud. el pollo en
    el horno».
«Señora, fría Ud. las
    patatas».

Look at the illustrations on your activity sheet. You will hear several statements, each describing one of the illustrations. Write the number of the statement under the illustration it describes.

1. Prepare Ud. el pollo para esta noche.
2. Primero tiene que sacarlo de la nevera.
3. Puede calentarlo en el horno de microondas.
4. También prepare Ud. unas papas.
5. Fríalas en la sartén.
6. Sirva también unas zanahorias.
7. Lo que no comemos lo pondrá Ud. en el congelador.
8. Después, limpie Ud. las ollas y las cazuelas.

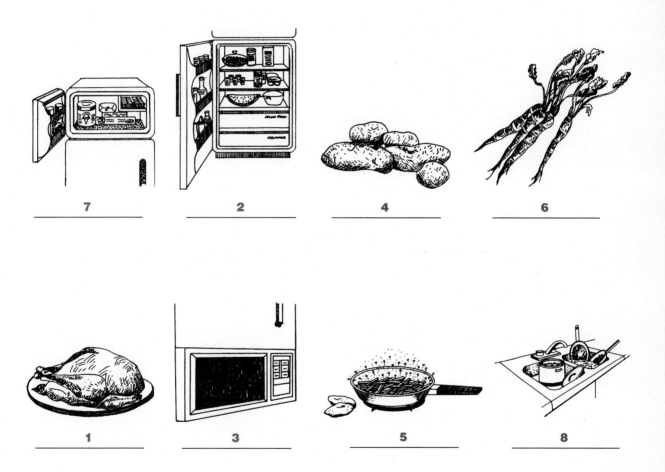

7   2   4   6

1   3   5   8

Actividad C Listen and choose.

(STM, page 50) (Cassette 6B/CD 6, Track 15)

You will hear several questions or statements, each followed by three possible answers. Choose the correct answer and circle *a, b,* or *c* on your activity sheet.

1. ¿En que vas a freír las cebollas?
   a. En la nevera.
   b. En la sartén.
   c. En la parrilla.

2. Tenemos poco tiempo. ¿Cómo vamos a calentar las salchichas?
   a. En el horno de microondas.
   b. En el congelador.
   c. En la nevera.

3. ¿Qué vas a hervir?
   a. Las cebollas.
   b. La nevera.
   c. La pimienta

4. ¿Qué fruta tienes?
   a. Guisantes.
   b. Toronjas.
   c. Ternera.

5. ¿Estás hirviendo el agua?
   a. Sí, en esa olla.
   b. Sí, en ese congelador.
   c. Sí, en esa parrilla.

6. La coliflor está muy fría.
   a. Claro, estuvo en la nevera.
   b. Claro, estuvo en el horno.
   c. Claro, estuvo en la estufa.

1. a ⓑ c

2. ⓐ b c

3. ⓐ b c

4. a ⓑ c

5. ⓐ b c

6. ⓐ b c

Vocabulario

Actividad D Listen and repeat. (*Vocabulario, Palabras 2*—Textbook, pages 296–297)
(*STM, page 50*) (*Cassette 6B/CD 6, Track 16*)

Listen and repeat after the speaker.

¡A PREPARAR LA COMIDA!
limpiar
pelar
rallar
cortar
picar
los pedacitos, los trocitos
rebanar
las rebanadas
agregar, añadir
tapar

Anita pone la cacerola al fuego.
Anita quita (retira) la cacerola del fuego.
Apaga el fuego.

MÁS COMESTIBLES
los pimientos
  el aguacate
  el ajo

  el plátano, la banana
  la papaya
  el coco
  la sandía

  las habichuelas negras, los
    frijoles negros
  el arroz
  el aceite
  la mantequilla

  los mariscos
  los mejillones
  las almejas
  las ostras
  los calamares
  la langosta
  los camarones, las gambas

  el pescado

Lea Ud. la receta.
Limpie Ud. bien las papas.
Pele las papas.
Ahora córtelas en rebanadas.
Métalas en la olla.
Agregue sal y agua.
Tape la olla. Hierva las papas por unos diez minutos.

(STM, page 50) (Cassette 6B/CD 6, Track 17)

You will hear several statements. If the statement makes sense, circle **sí** on your activity sheet. If it does not make sense, circle **no**.

1. Yo siempre limpio las papas.
2. La señora está picando la olla.
3. El señor va a pelar el aceite.
4. El cocinero ralla el coco.
5. Yo siempre uso el aceite para freír.
6. Pero mi padre fríe los huevos en agua.
7. Mi fruta favorita es la sandía.
8. La fruta favorita de mi hermano es el pescado.
9. Tengo que pelar la mantequilla.
10. ¿Te gustan los calamares para el postre?

1.	(sí) no	4.	(sí) no	7.	(sí) no	10.	sí (no)
2.	sí (no)	5.	(sí) no	8.	sí (no)		
3.	sí (no)	6.	sí (no)	9.	sí (no)		

Actividad F   Listen and answer.
(STM, page 51) (Cassette 6B/CD 6, Track 17)

You will hear several questions. Use the illustrations on your activity sheet to answer each question orally in the pause provided.

1. ¿Qué hace el señor con la olla, la limpia o la tapa?
   (La tapa.)
2. ¿Qué hace la señora con las zanahorias, las tapa o las pica?
   (Las pica.)
3. ¿La señora pica o pela las papas?
   (Las pela.)
4. ¿El señor limpia o pela la fruta?
   (La limpia.)
5. ¿El hombre está rebanando o rallando el coco?
   (Lo está rallando. / Está rallándolo.)
6. ¿La muchacha ralla o corta la carne?
   (La corta.)

1.

2.

3.

4.

5.

6.

Estructura

Actividad A Listen and answer.
(STM, page 51) (Cassette 6B/CD 6, Track 18)

You are the chef. In the pauses provided, tell each cook what to do, using the cues on your activity sheet. First listen to the example.

Example: *(You hear)*   1
             (You see)   Gómez/hervir el agua
             (You say)   Gómez, hierva Ud. el agua.

1. (García, pele Ud. las papas.)
2. (Pérez y Martín, corten Uds. la carne.)
3. (Garcés, prepare Ud. la ensalada.)
4. (Darío, agregue Ud. la sal.)
5. (Álvaro, fría Ud. la cebolla.)
6. (Vélez y Duque, tapen Uds. las ollas.)
7. (Muchachos, empiecen Uds. a servir.)

1. **García / pelar las papas**

2. **Pérez y Martín / cortar la carne**

3. **Garcés / preparar la ensalada**

4. **Darío / agregar sal**

5. **Álvaro / freír la cebolla**

6. **Vélez y Duque / tapar las ollas**

7. **Muchachos / empezar a servir**

Actividad B Listen and answer.

(STM, page 52) (Cassette 6B/CD 6, Track 19)

You will hear several statements. Answer each one orally in the pause provided. First listen to the example.

Example: *(You hear)* Pienso salir ahora.
          (You say)   Entonces, salga Ud. ahora.

1. Pienso salir ahora.
   (Entonces, salga Ud. ahora.)
2. Pienso hacer mis compras.
   (Entonces, haga Ud. sus compras.)
3. Pienso ir al mercado.
   (Entonces, vaya Ud. al mercado.)
4. Pienso poner todo en el coche.
   (Entonces, ponga Ud. todo en el coche.)
5. Pienso dar un paseo después.
   (Entonces, dé Ud. un paseo después.)

Actividad C Listen and answer.

(STM, page 52) (Cassette 6B/CD 6, Track 20)

You will hear several statements. Answer each one orally in the pause provided. First listen to the example.

Example: *(You hear)* Tina y yo queremos ir.
          (You say)   No, no. No vayan Uds.

1. Tina y yo queremos ir.
   (No, no. No vayan Uds.)
2. Queremos salir.
   (No, no. No salgan Uds.)
3. Queremos dar una caminata.
   (No, no. No den Uds. una caminata.)
4. Queremos caminar por la selva.
   (No, no. No caminen Uds. por la selva.)
5. Queremos estar mucho tiempo.
   (No, no. No estén Uds. mucho tiempo.)
6. Queremos dormir afuera.
   (No, no. No duerman Uds. afuera.)
7. Queremos volver tarde.
   (No, no. No vuelvan Uds. tarde.)

Actividad D Listen and choose.
(STM, page 52) (Cassette 6B/CD 6, Track 21)

You will hear several questions, each followed by three possible answers. Choose the correct answer and circle *a*, *b*, or *c* on your activity sheet.

1. ¿Lavo las ollas?
   a. Sí, lávelo.
   b. Sí, lávelos.
   c. Sí, lávelas.

2. ¿Pelo las papas?
   a. Sí, pélelo.
   b. Sí, pélelas.
   c. Sí, pélela.

3. ¿Abro las latas?
   a. Sí, ábralo.
   b. Sí, ábralos.
   c. Sí, ábralas.

4. ¿Pico el ajo?
   a. Sí, píquelo.
   b. Sí, píquelos.
   c. Sí, píquela.

5. ¿Frío los huevos?
   a. Sí, fríalas.
   b. Sí, fríalo.
   c. Sí, fríalos.

1. a b (c)   3. a b (c)   5. a b (c)

2. a (b) c   4. (a) b c

Actividad E Listen and answer.
(STM, page 52) (Cassette 6B/CD 6, Track 22)

You will hear several questions. Answer each one orally in the pause provided. First listen to the example.

Example: *(You hear)*   ¿Sirvo la comida?
           (You say)   No, no la sirva Ud.

1. ¿Sirvo la comida?
   (No, no la sirva Ud.)
2. ¿Tapo las ollas?
   (No, no las tape Ud.)
3. ¿Lavo el cuchillo?
   (No, no lo lave Ud.)
4. ¿Rallo el queso?
   (No, no lo ralle Ud.)
5. ¿Hiervo los huevos?
   (No, no los hierva Ud.)

Conversación

Actividad F **Listen.** (*Conversación*—Textbook, page 306)
(STM, page 52) (Cassette 6B/CD 6, Track 23)

Listen to the conversation. Do not repeat.

¿Yo? ¿En la cocina?

JAIME: David, ¿te gusta cocinar?

DAVID: A mí, ¿cocinar? ¿Hablas en serio? En la cocina soy un desastre. ¿A ti te gusta cocinar, Jaime?

JAIME: Sí, bastante.

DAVID: ¿Qué sabes preparar?

JAIME: Muchas cosas, pero mi plato favorito es la paella.

DAVID: La paella, dices. ¿Qué es?

JAIME: Pues, es una especialidad española, de Valencia. Lleva muchos ingredientes–mariscos, arroz.

DAVID: Se comen muchos mariscos en España, ¿no?

JAIME: Sí, hombre. Y algún día te voy a preparar una buena paella.

Actividad G Listen and choose.
(STM, page 52) (Cassette 6B/CD 6, Track 23)

You will hear several statements about the conversation you just heard. If the statement makes sense, circle **sí** on your activity sheet. If it does not make sense, circle **no**.

1. A David le gusta mucho cocinar.
2. A Jaime le gusta cocinar.
3. David es un desastre en la cocina.
4. Jaime sabe preparar solamente la paella.
5. El plato favorito de Jaime es la paella.
6. La paella es una especialidad de Madrid.
7. La paella lleva mariscos y arroz.
8. En España se comen muy pocos mariscos.

1. sí (no)

2. (sí) no

3. (sí) no

4. sí (no)

5. (sí) no

6. sí (no)

7. (sí) no

8. sí (no)

STUDENT TAPE MANUAL, TEACHER EDITION
Copyright © Glencoe/McGraw-Hill

SEGUNDA PARTE

Actividad A Listen and answer.
(STM, page 53) (Cassette 6B/CD 6, Track 24)

You are working this summer as a waiter at the Madrid de los Austrias restaurant.
Look at the menu on your activity sheet and use it to answer diners' questions orally
with a word or two in the pauses provided. You will have 20 seconds to review the
menu.

1. ¿Qué sopa es una especialidad de la casa?
   (La sopa de cebolla.)
2. ¿Cómo preparan Uds. las patatas?
   (Están asadas o fritas.)
3. Me encanta el cordero. ¿Cómo preparan Uds. el cordero?
   (Está asado.)
4. Y para el postre, ¿qué nos puede recomendar?
   (Leche frita, bartolillos, helado y fruta.)

CARTA

MADRID
DE LOS
AUSTRIAS

NUESTRAS ESPECIALIDADES
Sopa de Cebolla
Merluza al Horno
Cuartos de Cordero Asado
Chuletón de Ternera Parrilla
Callos a la Madrileña
Cocido de Puchero (encargo)

GUARNICIONES
Pimientos Asados
Cebollas Rellenas
Patatas Asadas
Patatas Fritas

TAMBIEN
Jamón de Cumbres
Lomo embuchado
Chorizo de Salamanca
Gambas al Ajillo
Espárragos dos salsas
Ensalada "Posada"
Angulas S/E
Sopa de Cocido
Gazpacho S/E
Revueltos de Ajetes tiernos
Chuletitas de Cordero lechal

Leche Frita
Bartolillos
Helados variados
y Frutas del tiempo

y además nuestras sugerencias del día

You will hear several short conversations. After each conversation, decide where it took place and check the appropriate column on your activity sheet.

1. —Buenos días. ¿Tienen ustedes cordero hoy?
   —Sí, señora, muy fresco y muy bueno. ¿Cuánto quiere Ud.?
   —Hmm. Chuletas, kilo y medio será bastante.

2. —¿Qué recomienda para una ensalada?
   — La lechuga está bonita, y acaban de llegar los tomates.
   —Pues, medio kilo de tomates y una lechuga.

3. —No sé. Ud. me dirá lo que está mejor hoy.
   —Cómo no, doña Sofía. Le recomiendo el salmón, y también las sardinas. Están muy frescas. ¿Cuál le pongo?
   —Medio kilo de salmón será bastante para mi marido y yo.

4. —¿Qué tal las manzanas hoy, Sra. Rosa?
   —La verdad, don Paco, no se las recomiendo. Mejor las peras y las naranjas.
   —Ud. sabrá. Un kilo de peras y medio de naranjas.

5. —Los jamones son de primera calidad, señora.
   —Pues entonces me puede poner unas cuantas tajadas, medio kilo yo diría.
   —Enseguida, señora.

6. —¿Qué tal los pepinos y la coliflor hoy, señor Pablo?
   —Ay, doña Francisquita, los pepinos están fresquecitos y buenos, pero no le puedo recomendar la coliflor. Está carísima y un poco pasada.

7. —¿En qué puedo servirle esta mañana, señora?
   —Para una paella necesito camarones y mejillones y, si hay, unas almejas.
   —Cómo no, señora. Los camarones y las almejas acaban de llegar. Me quedan muy pocos mejillones y son de ayer.
   —Pues, déme Ud. solamente 500 gramos de camarones y una docena de almejas.

8. —¿Y qué está bueno y fresco hoy que me puede recomendar para el postre?
   —Ya sabe Ud. que aquí todo está muy fresco y muy bueno. Pero hoy están extraordinarios los melocotones y las cerezas.
   —Pues, póngame medio kilo de los dos.

9. —¿Cómo está la ternera hoy?
   —¿La ternera? Buena y barata. Tengo unas costillas de ternera que están preciosas. Y están a 60 pesos el kilo, excelente precio.
   —¿Cuánto debo llevar para servir a seis personas?

10. —¿Sí, señor?
    —Ah, buenos días. Me puede poner dos o tres ajos, un aguacate y medio kilo de pimientos, si me hace el favor.
    —Con mucho gusto, señor. ¿Algo más?
    —Hmm. Sí, sí, un kilo de papas.

	LA FRUTERÍA	LA CARNICERÍA	LA PESCADERÍA	LA VERDULERÍA
1.		√		
2.				√
3.			√	
4.	√			
5.		√		
6.				√
7.			√	
8.	√			
9.		√		
10.				√

Actividad C Listen.
(STM, page 54) (Cassette 6B/CD 6, Track 26)

Clarita Torrentes is the food editor for radio station KGLM. As you listen to her report, look at the questions in Actividad D.

Buenos días. Hoy, jueves, hay algunas gangas para el fin de semana. Las lechugas siguen muy caras. Yo recomiendo no comprar lechuga hasta que los precios bajen un poco. Sin embargo los tomates están a buen precio. Las papas también están a precios razonables. Carnes: la única carne barata hoy es el pollo. La carne de res está a precios ridículos. La ternera también está muy cara. Los mariscos están por las nubes. Sólo los millonarios pueden comer langosta. El mismo pescado que estaban vendiendo a doscientos y trescientos pesos el kilo la semana pasada lo están vendiendo hoy a entre cien y ciento cincuenta pesos el kilo. ¡Muy buen precio! Fruta: excelente y barata, especialmente las naranjas. Los mejores precios hoy en el Mercado Central y en los supermercados Sánchez-Coello. Hasta mañana, amigos y amigas. Se despide de Uds. Clarita Torrentes deseándoles «¡Buen provecho!»

Actividad D Listen and choose.

(STM, page 54) (Cassette 6B/CD 6, Track 26)

Listen to the report again. As you listen, choose the correct answer to each question on your activity sheet and circle *a*, *b*, or *c*.

Buenos días. Hoy, jueves, hay algunas gangas para el fin de semana, etc.

1. **What day of the week is this program on the air?**

   (a.) **Thursday.**   b. **Friday.**   c. **Saturday.**

2. **What does she say about the lettuce?**

   a. **It´s fresh.**   (b.) **It´s expensive.**   c. **It´s poor quality.**

3. **What about tomatoes and potatoes?**

   a. **They´re too expensive.**   b. **They´re not fresh.**   (c.) **They are good buys.**

4. **What meat is cheap today?**

   a. **Beef.**   (b.) **Chicken.**   c. **Pork.**

5. **For what product are the prices "sky high"?**

   a. **Fish.**   (b.) **Shellfish.**   c. **Fruit.**

6. **What has dropped a lot in price since last week?**

   (a.) **Fish.**   b. **Shellfish.**   c. **Fruit.**

7. **What is excellent and cheap today?**

   a. **Beef.**   b. **Lettuce.**   (c.) **Fruit.**

8. **What about the Central Market and the Sánchez-Coello supermarkets?**

   a. **They have the freshest fruit.**   (b.) **They have the best prices.**   c. **They have the best meat.**

CAPÍTULO 11

El coche y la carretera

PRIMERA PARTE

Vocabulario   PALABRAS 1

 Actividad A Listen and repeat. (*Vocabulario, Palabras 1*—Textbook, pages 322–323) (*STM, page 55*) (*Cassette 7A/CD 7, Track 1*)

Listen and repeat after the speaker.

EL COCHE
el conductor
El conductor maneja (conduce) con cuidado.

el descapotable, el convertible
el cupé
el sedán
el coche (carro) deportivo

el permiso de conducir, la licencia

el cinturón de seguridad
la maletera, el baúl
el parabrisas
el capó
las luces
la puerta
las direccionales
la goma, la llanta, el neumático
los frenos
la bocina, el claxon
la llanta de repuesto (de recambio)

LA ESTACIÓN DE SERVICIO, LA GASOLINERA
poner agua en el radiador
verificar la presión de las llantas
el aceite
revisar el aceite
llenar el tanque de gasolina

El empleado llenó el tanque de gasolina.
La empleada limpió el parabrisas.
El otro empleado puso aire en las llantas.

—Sí, señor...
—Favor de llenar el tanque.
—¿Súper o normal? ¿Con plomo o sin plomo?

Actividad B Listen and answer.

(STM, page 55) (Cassette 7A/CD 7, Track 2)

You will hear several short descriptions of vocabulary items. In the pause provided, answer orally with the name of the item being described.

1. La policía no le permite conducir si no tiene esto. ¿Qué es?
   (el permiso de conducir / la licencia)
2. Hay que levantar esto para ver el motor del carro. ¿Qué es?
   (el capó)
3. Esto se toca para hacer ruido y alertar a otro conductor. ¿Qué es?
   (la bocina / el claxon)
4. El coche tiene cuatro de éstas y una de repuesto. ¿Qué son?
   (las llantas, las gomas, los neumáticos)
5. Es una luz que indica la dirección en que vas a ir, a la derecha o a la izquierda. ¿Qué es?
   (las direccionales)
6. Es el piloto del coche, la persona que conduce. ¿Quién es?
   (el conductor)
7. Esto se usa para proteger al conductor y al pasajero. Es importante usarlo. ¿Qué es?
   (el cinturón de seguridad)

Actividad C Listen and choose.

(STM, page 55) (Cassette 7A/CD 7, Track 2)

You will hear several questions or statements, each followed by three possible answers. Choose the correct answer and circle *a*, *b*, or *c* on your activity sheet.

1. Me puede llenar el tanque, por favor.
   a. ¿Con aceite?
   b. ¿Cuánta agua necesita?
   c. ¿Súper o normal?

2. Mi parabrisas está muy sucio.
   a. Se lo limpio en seguida.
   b. El radiador también.
   c. Ya se lo revisaré.

3. ¿Tienen Uds. gasolina súper?
   a. Sí, pero solamente con aceite.
   b. Sí, pero solamente con agua.
   c. Sí, pero solamente con plomo.

4. Creo que tengo un problema con los neumáticos.
   a. Necesitan aire.
   b. Necesitan agua.
   c. Necesitan aceite.

5. Es muy difícil parar el coche. ¿Me puede ayudar?
   a. Claro. Le revisaré los frenos.
   b. Cómo no. Le revisaré el aceite.
   c. Muy bien. Le revisaré el agua de la batería.

6. ¿Qué modelo de carro es el de Ud.?
  a. Tengo un repuesto.
  b. Tengo un convertible.
  c. Tengo una licencia.

1. a   b   **ⓒ**

2. **ⓐ**   b   c

3. a   b   **ⓒ**

4. **ⓐ**   b   c

5. **ⓐ**   b   c

6. a   **ⓑ**   c

Vocabulario   PALABRAS 2

 Actividad D   Listen and repeat.   (*Vocabulario, Palabras 2*—Textbook, pages 326–327) (*STM, page 55*) (*Cassette 7A/CD 7, Track 3*)

Listen and repeat after the speaker.

EN LA CARRETERA
la velocidad máxima
la salida
la autopista, la autovía
la garita de peaje
el peaje
el carril
el rótulo
la entrada

—Alejandro, quédate en el carril derecho.
Paga el peaje. Y luego, sal de la autopista en la próxima salida.

—Donde está el rótulo, dobla a la derecha. Y luego sigue derecho.

—¡Cuidado! Está prohibido adelantar. Hay solamente un carril en cada sentido.

EN LA CIUDAD
una cuadra
un cruce, una bocacalle
la luz roja
el semáforo
Es necesario parar cuando hay una luz roja.

de sentido único
—No podemos entrar. Es una calle de sentido único. Tenemos que ir en el sentido contrario.

el parquímetro
estacionar el coche, aparcar

Actividad E   Listen and choose.
(STM, page 55) (Cassette 7A/CD 7, Track 4)

Look at the illustrations on your activity sheet. You will hear several statements, each describing one of the illustrations. Write the number of the statement under the illustration it describes.

1. Tienes que meter una moneda en el parquímetro para poder estacionar.
2. Hombre, ¡ten cuidado! El semáforo está en rojo.
3. Creo que hay un rótulo que nos indicará la distancia a la capital.
4. Me parece mejor quedarte en el carril derecho para dejar pasar a los otros carros.
5. Hay una garita de peaje en dos kilómetros.

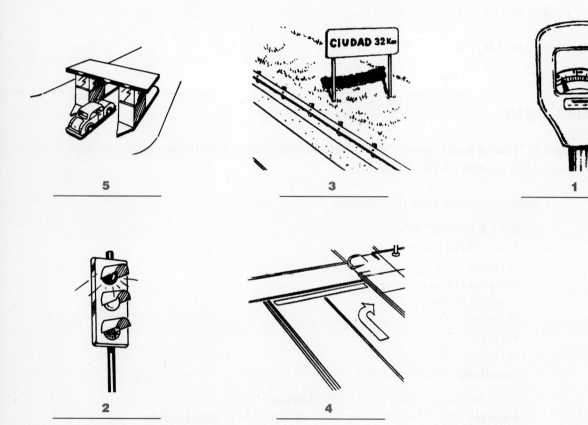

Actividad F   Listen and choose.
(STM, page 56) (Cassette 7A/CD 7, Track 4)

You will hear several questions or statements, each followed by three possible answers. Choose the correct answer and circle *a*, *b*, or *c* on your activity sheet.

1. ¿Por qué tomas la autopista?
   a. Porque quiero pagar peaje.
   b. Porque es más rápido.
   c. Porque tiene sólo un carril.

2. ¿Dónde pagas el peaje?
   a. En la garita.
   b. En el carril derecho.
   c. En el rótulo.

3. ¿Cuál es la velocidad máxima?
    a. La próxima salida.
    b. Noventa kilómetros por hora.
    c. Seiscientas pesetas.

4. ¿Puedo adelantar aquí?
    a. No, está prohibido.
    b. No, hay muchos carriles.
    c. No, es una autovía.

5. ¿Qué indica dónde está la salida?
    a. Un carril.
    b. Una carretera.
    c. Un rótulo.

1. a (b) c

2. (a) b c

3. a (b) c

4. (a) b c

5. a b (c)

Estructura

Actividad A Listen and answer.
(STM, page 56) (Cassette 7A/CD 7, Track 5)

You will hear several questions. Answer each question orally in the pause provided.
First listen to the example.

Example: *(You hear)*   ¿Debo entrar a la autovía?
            (You say)   Sí, Julián. Entra a la autovía.

1. ¿Debo parar aquí?
   (Sí, Julián. Para aquí.)
2. ¿Debo pagar el peaje?
   (Sí, Julián. Paga el peaje.)
3. ¿Debo doblar a la izquierda?
   (Sí, Julián. Dobla a la izquierda.)
4. ¿Debo leer el rótulo?
   (Sí, Julián. Lee el rótulo.)
5. ¿Debo seguir derecho?
   (Sí, Julián. Sigue derecho.)
6. ¿Debo adelantar?
   (Sí, Julián. Adelanta.)
7. ¿Debo pedir direcciones?
   (Sí, Julián. Pide direcciones.)
8. ¿Debo estacionar?
   (Sí, Julián. Estaciona.)

Actividad B Listen and answer.
(STM, page 56) (Cassette 7A/CD 7, Track 6)

Look at the cues on your activity sheet. When you hear the number of the cue, answer orally in the pause provided. First listen to the example.

Example: *(You hear)*   1
                  (You see)   esperar
                  (You say)   ¡Espera, Elena!

1. (¡Espera, Elena!)	5. (¡Pon el freno, Elena!)
2. (¡Ven, Elena!)	6. (¡Di la verdad, Elena!)
3. (¡Sal, Elena!)	7. (¡Sé paciente, Elena!)
4. (¡Ve, Elena!)	8. (¡Haz una pausa, Elena!)

1. **esperar**

2. **venir**

3. **salir**

4. **ir**

5. **poner el freno**

6. **decir la verdad**

7. **ser paciente**

8. **hacer una pausa**

Actividad C Listen and answer.
(STM, page 56) (Cassette 7A/CD 7, Track 7)

You will hear several statements. Respond to each one orally in the pause provided. First listen to the example.

Example: *(You hear)*   Voy a salir.
                  (You say)   No, no salgas.

1. Voy a viajar hoy. (No, no viajes hoy.)	7. Voy a adelantar. (No, no adelantes.)
2. Voy a llamar primero. (No, no llames primero.)	8. Voy a pagar el peaje. (No, no pagues el peaje.)
3. Voy a volver tarde. (No, no vuelvas tarde.)	9. Voy a salir de la autopista. (No, no salgas de la autopista.)
4. Voy a hacer una parada. (No, no hagas una parada.)	10. Voy a estacionar. (No, no estaciones.)
5. Voy a llenar el tanque. (No, no llenes el tanque.)	11. Voy a poner dinero en el parquímetro. (No, no pongas dinero en el parquímetro.)
6. Voy a ir por la autopista. (No, no vayas por la autopista.)	

Conversación

Actividad D Listen.   (*Conversación*—Textbook, page 336)
(*STM, page 56*) (*Cassette 7A/CD 7, Track 8*)

Listen to the conversation. Do not repeat.

Un sitio para estacionar

MARÍA: Anita, ¿puedo estacionar aquí?

ANITA: Aquí, no, María. ¿No ves que es un cruce de peatones? Hay un estacionamiento municipal en la plaza.

MARÍA: ¿Cómo voy a la plaza?

ANITA: Toma la avenida Cisneros. Quédate en el carril derecho porque a dos cuadras de aquí vas a doblar a la derecha.

MARÍA: ¿En la esquina donde está la estación de servicio?

ANITA: Precisamente. Repito—dobla a la derecha y sigue derecho hasta el primer semáforo. Al primer semáforo, dobla a la izquierda y verás la plaza.

MARÍA: ¿Y puedo estacionar en la plaza?

ANITA: En la plaza misma, no. Pero hay un estacionamiento subterráneo. Hay un rótulo para indicar la entrada.

Actividad E Listen and choose.
(*STM, page 56*) (*Cassette 7A/CD 7, Track 8*)

You will hear several questions about the conversation you just heard, each followed by three possible answers. Choose the correct answer and circle *a*, *b*, or *c* on your activity sheet.

1. ¿Por qué no puede estacionar María donde ella quiere?
   a. Porque está en un cruce de peatones.
   b. Porque el semáforo está en rojo.
   c. Porque no tiene monedas.

2. ¿Dónde hay un estacionamiento?
   a. En la Avenida Cisneros.
   b. En el cruce.
   c. En la plaza.

3. ¿Qué hay en la esquina donde María tiene que doblar a la derecha?
   a. Un estacionamiento.
   b. Una plaza.
   c. Una estación de servicio.

4. ¿En qué carril debe quedarse María?
   a. En el carril izquierdo.
   b. En el carril central.
   c. En el carril derecho.

5. ¿Dónde está el estacionamiento?
   a. Debajo de la plaza.
   b. Encima de la plaza.
   c. Al lado de la plaza.

6. ¿Qué indica la entrada al estacionamiento?
   a. Un rótulo.
   b. Un semáforo.
   c. Un cruce.

1. ⓐ b c   3. a b ⓒ   5. ⓐ b c

2. a b ⓒ   4. a b ⓒ   6. ⓐ b c

SEGUNDA PARTE

Actividad A Listen and choose.
(STM, page 57) (Cassette 7A/CD 7, Track 9)

Look at the newspaper ads on your activity sheet as you listen to a series of radio ads. Write the number of the radio ad next to the corresponding newspaper ad.

1. Una persona quiere comprar un Mercedes Benz 190 o un BeEmeDobleVe. Tiene que ser automático con aire acondicionado. Llame al 2 35 20 14.
2. Si le interesa un Volvo modelo 144, en buenas condiciones, puede llamar al 63 07 49, o al 69 32 43.
3. Quieren vender un Austin Maestro y un Mercedes 300B. Si le interesa, llame al 76 42 07.
4. Un Ford Fiesta del último modelo, con sólo dos años de uso. Llame al 76 13 49, entre las 17 y las 20 horas.
5. Dicen que es como nuevo, un SEAT BL 2.500, con dirección asistida y mucho más incluso radio casete. Llamar al 10 44 70 por la mañana, o al 63 04 55 por la tarde.

1	PARTICULAR compra MERCEDES 190 o BMW a particular. Ha de ser automático con aire acondicionado y dirección asistida. Matrícula española, extranjera o turística. Pago al contado. Telf: 2352014.
	NISSAN VANETTE (MA-AJ). Seminueva, 5 años. Precio a convenir. Tlfo: 103490.
	CAMIÓN NISSAN TRADE 2.800. Diesel, con dirección asistida DAT. CA-AJ. En buen estado. Telf: 101123. De 14 a 16 horas.
	BMW 3.181. Siniestrado por parte trasera, para desguace. Telf: 631840 (oficina) 678386 (particular).
3	AUSTIN MAESTRO 1.600 gasolina y MERCEDES 300 B con motor 2.500 gasolina. Telf: 764207.
2	VOLVO modelo 144. Buen estado. Telfs: 630749 – 693243.
5	SEAT BL 2.500 D. Dirección asistida, cierre centralizados, eleválvulas eléctricos. Radio casete. Como nuevo. Telf: 104470 (mañanas) 630455 (tardes).
4	FORD FIESTA último modelo. Interesados llamar al teléfono 761349. De 17 a 20 horas. Dos años de uso.
	RENAULT 18, último mod, motor 2.000, aire acond, eleválvulas eléctricas, dirección asistida, cierre centralizado. Guardado en garage. 450.000 ptas. Telf: 764590.
	BMW 323 inyección CA-AJ, asientos deportivos, llantas de aleación, spoilers completos, ventanilla de techo. Precio 390.000 ptas. Telf: 678421 – 104339.

Actividad B Listen and choose.

(STM, page 57) (Cassette 7A/CD 7, Track 10)

You will hear four short conversations, each followed by a question. On your activity sheet you will see two possible answers for each question. After each conversation, choose the correct answer and circle *a* or *b*.

1. —¿Dónde está la entrada a la Carretera Nacional 4, por favor?
   —Siga derecho como un kilómetro. Doble a la derecha donde está el Hospital del Distrito. La entrada está a la izquierda a unos doscientos metros.
   —Muchas gracias, señora.

   ¿Qué busca el señor?

2. —¿Cuánto es el peaje, señorita?
   —Doscientos pesos.
   —Aquí los tiene. ¿Y cuál es la salida para San Marcos?
   —Es la salida 8, a unos 30 kilómetros.
   —Gracias.

   ¿Dónde están las personas que hablan?

3. —Busco la Biblioteca Nacional. ¿Cómo debo ir?
   —Pues, mire. Siga Ud. por la Avenida Central. Doble a la derecha donde está la gasolinera. Siga una cuadra más. Verá Ud. la escuela Romero Gómez. La biblioteca está al lado de la escuela.

   ¿Dónde está la biblioteca?

4. —Señor policía. ¿Puedo dejar el coche aquí?
   —Aquí no, está prohibido. Pero al otro lado de la calle, enfrente del mercado hay unos parquímetros. Allí sí que se puede.
   —Muchas gracias.

   ¿Qué quiere hacer la señora?

1. (a.) **La Carretera Nacional 4.**

   b. **El Hospital del Distrito.**

2. a. **En el pueblo de San Marcos.**

   (b.) **En una garita de peaje.**

3. a. **Enfrente de una gasolinera.**

   (b.) **Al lado de una escuela.**

4. a. **Encontrar el mercado.**

   (b.) **Estacionar el carro.**

Actividad C Listen and answer.
(STM, page 57) (Cassette 7A/CD 7, Track 11)

You are the auto expert. Use the chart on your activity sheet to answer a caller's questions about the Porsche 911 and the Honda NSX in the pauses provided.

1. Quiero saber cuál de los dos coches acelera con mayor rapidez. ¿Cuántos segundos toma el Porsche para ir de cero a cien kilómetros por hora?
   (5, 1.)
2. ¿Cuál acelera más rápido, el Porsche o el Honda?
   (El Porsche.)
3. Me interesa más que nada la seguridad. Quiero saber cómo frenan los vehículos. Hablemos del Porsche. A 140 kilómetros por hora, después de frenar, ¿cuántos metros corre el Porsche antes de llegar a cero kilómetros, hasta parar por completo?
   (71 metros.)
4. A mí me molesta el ruido. No me gustan los sonidos fuertes. Si consideramos la sonoridad, los decíbeles que producen los dos coches a 100 kilómetros por hora y también a 140 kilómetros por hora, ¿cuál de los dos coches es más silencioso, produce menos ruido?
   (El Porsche.)
5. Aquí la gasolina cuesta mucho. Así es que el consumo es muy importante. ¿Cuál es la media de consumo, en litros de gasolina, para el Porsche cada cien kilómetros?
   (12, 3.)
6. ¿Cuál de los dos coches consume menos gasolina, el Porsche o el Honda?
   (El Honda.)

MEDICIONES

	PORSCHE 911	HONDA NSX
ACELERACIÓN		
0–100 Km/h	5,1	5,3
FRENADA HASTA 0 KM		
Desde 100/140 km/h	35/71 metros	36/72
SONORIDAD		
A 100/140 km/h	70,3/72,6 dB	72,8/75,9 dB
CONSUMO EN LITROS		
100/120/Ciudad	8,3/8,6/18,1/100 Km	8,6/9,1/12,6/100 Km
Media	12,3 100 Km	10,4 100 Km

Actividad D Listen and trace.
(STM, page 58) (Cassette 7A/CD 7, Track 12)

Look at the map on your activity sheet. You will hear a set of directions. As you listen, trace the route on your map.

Comienza tu viaje en Ratón, en el noreste del estado de Nuevo México, cerca de la frontera con Colorado. Ahora toma la Ruta 25 en dirección sur hasta llegar a Las Vegas. Sigue en la Ruta 25 hasta Albuquerque. Allí, en Albuquerque, toma la Ruta 85 sur. Repito, Ruta 85 sur. Pasa por Belén y Socorro. Al sur de Socorro,

STUDENT TAPE MANUAL, TEACHER EDITION
Copyright © Glencoe/McGraw-Hill

cerca de San Antonio, toma la Ruta 380 hacia el este. En Carrizozo toma la ruta 54 sur hasta llegar a Alamogordo. En Alamogordo deja la Ruta 54 y toma la Ruta 70 u 82, hasta Las Cruces. En Las Cruces toma la ruta 10, dirección sur. Pasa por Mesquite. Entra en el estado de Tejas al norte de Canutillo. Continúa en la Ruta 10 hasta llegar a El Paso. Allí, cruza la frontera y entra en México en Ciudad Juárez, Estado de Chihuahua.

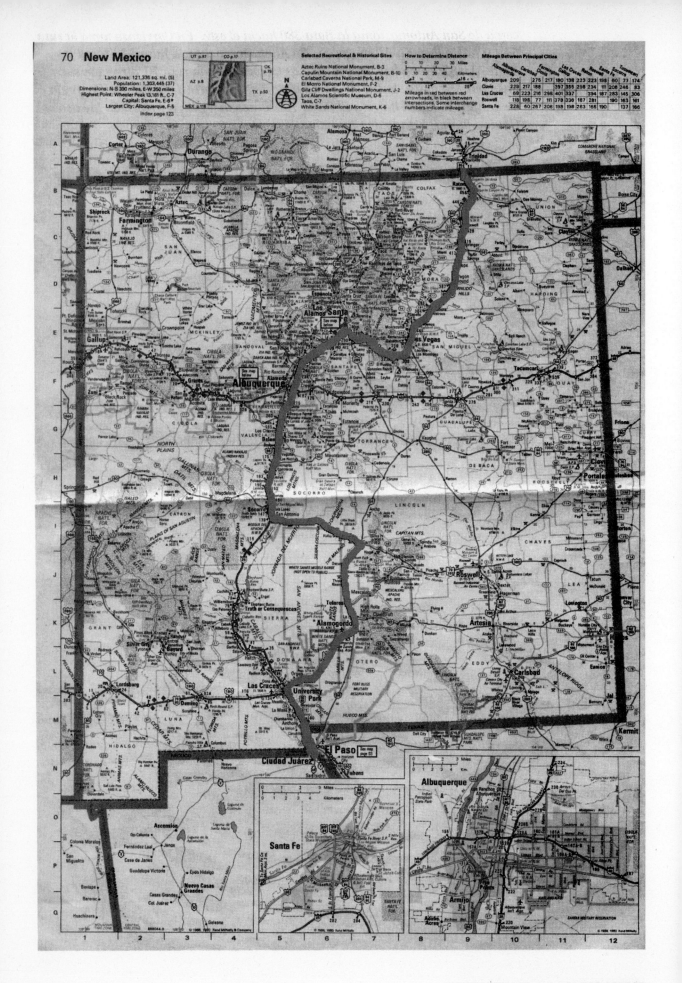

CAPÍTULO **12**

Los servicios al público

PRIMERA PARTE

Vocabulario

PALABRAS 1

 Actividad A   Listen and repeat.   (*Vocabulario, Palabras 1*—Textbook, pages 360–361) *(STM, page 59) (Cassette 7B/CD 7, Track 13)*

Listen and repeat after the speaker.

EN LA PELUQUERÍA
el peluquero, el barbero   el pelo, el cabello
una navaja   el peine
la raya
Paco quiere un corte de pelo.
Quiere que el barbero le corte el pelo con navaja.
—Más corto por los lados, por favor.

el champú
la peluquera
Teresa quiere que la peluquera le lave el pelo.
Quiere un champú.

las tijeras
Quiere que le corte el pelo con tijeras.

el secador
Quiere que le seque el pelo con el secador.

EN LA TINTORERÍA
el tintorero   la ropa sucia
limpiar en seco   el lavado
planchar   la máquina de lavar
la lana
el algodón
José tiene mucha ropa sucia.
Quiere que le laven las camisas.
Quiere que le planchen el pantalón.
El tintorero puede lavar las camisas.
Las puede lavar porque son de algodón.
Pero no puede lavar el suéter.
El suéter es de lana.
Es necesario que el tintorero limpie en seco el suéter.

STUDENT TAPE MANUAL, TEACHER EDITION
Copyright © Glencoe/McGraw-Hill

¡Buen viaje! Level 2   Capítulo 12   ∾ **133**

Actividad B **Listen and choose.**

(STM, page 59) (Cassette 7B/CD 7, Track 14)

Look at the illustrations on your activity sheet. You will hear several statements, each describing one of the illustrations. Write the number of the statement under the illustration it describes.

1. Esta señorita es peluquera.
2. Prefiero que me corten el pelo con tijeras.
3. A mi amiga le gusta que le corten el pelo con navaja.
4. Quiero que me laven el pelo con champú.
5. Y después, que me sequen el pelo con un secador.
6. Sí, quiero la raya a la derecha.

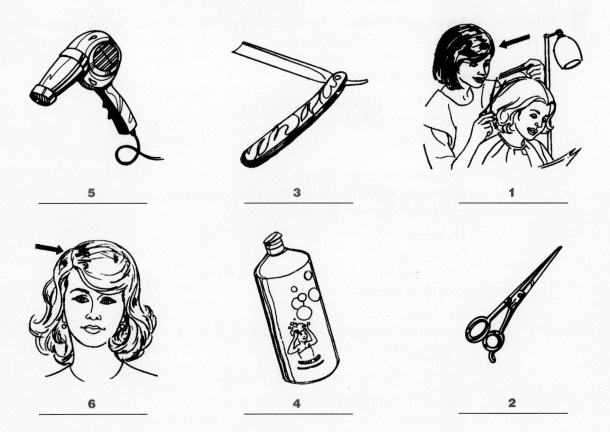

5   3   1

6   4   2

Actividad C **Listen and choose.**

(STM, page 60) (Cassette 7B/CD 7, Track 14)

You will hear several statements. If the statement makes sense, circle **sí** on your activity sheet. If it does not make sense, circle **no**.

1. El joven lleva la ropa sucia a la lavandería.
2. El joven planchó la camisa sucia.
3. No se lavan los pantalones de lana.
4. En la tintorería se limpia en seco.
5. Pero se puede lavar una camisa de algodón.
6. La lana es un producto vegetal.
7. El algodón es un producto animal.

1. (sí) no   5. (sí) no

2. sí (no)   6. sí (no)

3. (sí) no   7. sí (no)

4. (sí) no

Vocabulario   PALABRAS 2

Actividad D Listen and repeat. (*Vocabulario, Palabras 2*—Textbook, pages 364–365) (*STM, page 60*) (*Cassette 7B/CD 7, Track 15*)

Listen and repeat after the speaker.

EL CORREO
la carta
el sobre
el sello, la estampilla
la tarjeta postal, la postal
El correo aéreo cuesta más que el correo ordinario.

el buzón
la ventanilla
La señora echa la carta en el buzón.
La empleada pesa el paquete.

EL BANCO
la cuenta corriente
las monedas
los billetes
el dinero en efectivo

el cajero
la cajera
el cheque de viajero
endosar
La señorita quiere cobrar un cheque de viajero.
Ella endosa el cheque.
Ella firma el cheque.

LA CASA DE CAMBIO
el cambista
el tipo de cambio, la tasa de cambio
el suelto
—¿Cuál es el tipo de cambio?
—El cambio está a 130 pesos el dólar.
El joven quiere que le cambien dólares en pesos.
El cajero le da muchos billetes grandes.
El joven quiere cambio de un billete de cinco mil. Quiere suelto también.

Actividad E Listen and choose.
(STM, page 60) (Cassette 7B/CD 7, Track 16)

Look at the illustrations on your activity sheet. You will hear several statements, each describing one of the illustrations. Write the number of the statement under the illustration it describes.

1. Rodrigo recibió una tarjeta postal de Anita.
2. Tenía un sello muy interesante.
3. Él le escribirá una carta a Anita.
4. Él tiene que buscar un sobre.
5. Rodrigo va a echar la carta en el buzón.

    4   1   5

    2   3

Actividad F Listen and choose.
(STM, page 61) (Cassette 7B/CD 7, Track 16)

You will hear several statements. If the statement makes sense, circle **sí** on your activity sheet. If it does not make sense, circle **no**.

1. Se puede cambiar dinero en un banco.
2. Hay que endosar un cheque para cobrarlo.
3. El tipo de cambio es constante. Es siempre el mismo.
4. Los cheques de viajero no se pueden cambiar.
5. Puedes usar cheques si tienes una cuenta corriente.

1. (sí) no   4. sí (no)

2. (sí) no   5. (sí) no

3. sí (no)

Actividad G Listen and answer.

(STM, page 61) (Cassette 7B/CD 7, Track 16)

You will hear several questions. Answer each question orally in the pause provided.

1. ¿De cuántos centavos es la moneda más pequeña de los EE.UU.?
   (De un centavo.)
2. ¿Cuál es el billete más pequeño?
   (Un dólar.)
3. ¿En qué billete está la figura de Abraham Lincoln?
   (Cinco dólares.)
4. ¿Quién está en la moneda de veinticinco centavos?
   (Jorge Wáshington.)

Estructura

Actividad A Listen and answer.

(STM, page 61) (Cassette 7B/CD 7, Track 17)

Look at the cues on your activity sheet. When you hear a cue's number, answer orally in the pause provided. First listen to the example.

Example: *(You hear)*   1
            (You see)   comprar sellos
            (You say)   Mamá quiere que yo compre sellos.

1. (Mamá quiere que yo compre sellos.)
2. (Mamá quiere que yo abra el sobre.)
3. (Mamá quiere que yo visite el correo.)
4. (Mamá quiere que yo mande una postal.)
5. (Mamá quiere que yo escriba a los abuelos.)
6. (Mamá quiere que yo pese el paquete.)

1. **comprar sellos**

2. **abrir el sobre**

3. **visitar el correo**

4. **mandar una postal**

5. **escribir a los abuelos**

6. **pesar el paquete**

Actividad B   Listen and answer.
(STM, page 61) (Cassette 7B/CD 7, Track 18)

You will hear several questions. Answer each one orally in the pause provided. First listen to the example.

Example: *(You hear)*   ¿Tina va al banco?
           (You say)   Espero que vaya al banco.

1. ¿Tina va al banco?
   (Espero que vaya al banco.)
2. ¿Ella cambia dinero?
   (Espero que cambie dinero.)
3. ¿Ella sabe el tipo de cambio?
   (Espero que sepa el tipo de cambio.)
4. ¿Ella lleva su pasaporte?
   (Espero que lleve su pasaporte.)
5. ¿Ella endosa los cheques?
   (Espero que endose los cheques.)
6. ¿Ella tiene tiempo?
   (Espero que tenga tiempo.)

Actividad C   Listen and answer.
(STM, page 61) (Cassette 7B/CD 7, Track 19)

You will hear several questions. Use the cues on your activity sheet to answer each question orally in the pause provided. First listen to the example.

Example: *(You hear)*   ¿Vas a la tintorería?
           (You see)   es probable
           (You say)   Es probable que yo vaya a la tintorería.

1. ¿Vas a la tintorería?
   (Es probable que yo vaya a la tintorería.)
2. ¿Planchas la ropa?
   (Es mejor que yo planche la ropa.)
3. ¿Te cortas el pelo?
   (Es posible que yo me corte el pelo.)
4. ¿Te secas el pelo?
   (Es bueno que yo me seque el pelo.)
5. ¿Vas al banco?
   (Es importante que yo vaya al banco.)
6. ¿Abres una cuenta?
   (Es necesario que yo abra una cuenta.)
7. ¿Cobras el cheque?
   (Es difícil que yo cobre el cheque.)
8. ¿Recibes dinero?
   (Es imposible que yo reciba dinero.)

1. **es probable**	4. **es bueno**	7. **es difícil**
2. **es mejor**	5. **es importante**	8. **es imposible**
3. **es posible**	6. **es necesario**	

Actividad D Listen and answer.

(STM, page 61) (Cassette 7B/CD 7, Track 20)

You will hear several statements. Use the cues on your activity sheet to respond to each one orally in the pause provided. First listen to the example.

Example: *(You hear)*   Roberto viene.
          (You see)   Quiero
          (You say)   Quiero que Roberto venga.

1. Ellos juegan.
   (Esperamos que jueguen.)
2. Volvemos temprano.
   (Es importante que volvamos temprano.)
3. Conoces la ciudad.
   (Quieren que conozcas la ciudad.)
4. Ella pesa el paquete.
   (Es necesario que pese el paquete.)
5. Abro una cuenta.
   (El jefe desea que yo abra una cuenta.)
6. Terminan pronto.
   (Es bueno que terminen pronto.)
7. Ellos tienen bastante tiempo.
   (Papá quiere que tengan bastante tiempo.)
8. Lees la carta.
   (Ella manda que leas la carta.)
9. Pongo bastantes sellos.
   (Esperan que ponga bastante sellos.)
10. Lavamos la ropa.
    (Es necesario que lavemos la ropa.)
11. Firmas el cheque.
    (Es importante que firmes el cheque.)
12. Sabemos la verdad.
    (Es bueno que sepamos la verdad.)

1.	**esperamos**	7.	**Papá quiere**
2.	**es importante**	8.	**ella manda**
3.	**quieren**	9.	**esperan**
4.	**es necesario**	10.	**es necesario**
5.	**el jefe desea**	11.	**es importante**
6.	**es bueno**	12.	**es bueno**

Conversación

Actividad E Listen. (*Conversación*—Textbook, page 376)
(STM, page 62) (Cassette 7B/CD 7, Track 21)

Listen to the conversation. Do not repeat.

En la casa de cambio

EMPLEADA: Sí, señor. ¿En qué puedo servirle?

FELIPE: Quiero cambiar dólares en pesos.

EMPLEADA: ¿Tiene Ud. dólares en efectivo o en cheque de viajero?

FELIPE: Cheque de viajero. ¿Cuál es el tipo de cambio hoy, por favor?

EMPLEADA: Para cheques de viajero, 223 pesos por dólar. ¿Para cuánto es el cheque?

FELIPE: Cien dólares. ¿Quiere Ud. que yo lo endose?

EMPLEADA: Sí, claro. Y necesito su pasaporte también.

FELIPE: Aquí lo tiene.

EMPLEADA: Gracias.

Actividad F Listen and choose.
(STM, page 62) (Cassette 7B/CD 7, Track 21)

You will hear several questions about the conversation you just heard, each followed by three possible answers. Choose the correct answer and circle *a*, *b*, or *c* on your activity sheet.

1. ¿Qué va a hacer el señor?
   a. Va a abrir una cuenta.
   b. Va a cambiar dinero.
   c. Va a pedir monedas.

2. ¿Qué tiene el hombre?
   a. Dólares en efectivo.
   b. Dólares en cheque de viajero.
   c. Pesos en efectivo.

3. ¿Cuántos pesos le dan hoy por dólar?
   a. 200.
   b. 220.
   c. 223.

4. ¿Qué tiene que hacer el hombre?
   a. Endosar el cheque.
   b. Cambiar pesos.
   c. Firmar su pasaporte.

5. ¿Cuánto dinero quiere cambiar el hombre?
   a. Seis dólares.
   b. Cien dólares.
   c. Doscientos veintitrés dólares.

1. a (b) c   3. a b (c)   5. a (b) c

2. a (b) c   4. (a) b c

SEGUNDA PARTE

Actividad A Listen and choose.
(STM, page 62) (Cassette 7B/CD 7, Track 22)

You will hear a series of short conversations. After each conversation, decide where it took place and check the appropriate column on your activity sheet.

1. — Necesito sellos para postales a Norteamérica.
   —¿Para correo aéreo o correo ordinario?
   —Correo aéreo, por favor.

2. —Cuando Ud. se peina, ¿usa raya o no?
   —Sí, prefiero la raya a la derecha.
   —Pues, así será.

3. —¿Tiene Ud. alguna identificación? No lo puede cobrar sin identificación.
   —Pues, tengo mi pasaporte. ¿Será suficiente?
   —Sí, claro. Con eso me basta.

4. —¿Cuál es el tipo de cambio hoy, me podría decir?
   —Se lo puedo decir, pero Ud. me tiene que decir para qué moneda.
   —Ay, tiene Ud. razón. Para dólares en pesos.

5. —¿De qué material es el pantalón?
   —Es de algodón.
   —Entonces lo podemos lavar. No hay que limpiarlo en seco.

6. —¿Cuánto me va a costar enviar este paquete a Chile?
   —Bueno, primero tengo que pesarlo. ¿Cómo lo quiere enviar?
   —De la forma más barata. No tiene que ir por avión.

7. —Por favor, endose Ud. el cheque al dorso.
   —Con mucho gusto. ¿Me puede Ud. dar billetes pequeños?
   —Sí, como Ud. prefiera.

8. —Ay, el secador no funciona. ¿Puede Ud. esperar hasta que busque otro?
   —No importa. No me molesta tener el pelo un poco mojado. Lo puede secar con una toalla, ¿no?
   —Sí, claro.

9. —¿Cuál es la diferencia en precio entre aéreo y ordinario para cartas?
   —¿Nacional o internacional?
   —Internacional.

10. —Si les doy la ropa hoy, ¿para cuándo me la pueden devolver?
    —Si es solamente para lavar, mañana. Si es para limpiar en seco, tres días.
    —Está bien.

	EL CORREO	LA TINTORERÍA	EL BANCO	LA PELUQUERÍA
1.	√			
2.				√
3.			√	
4.			√	
5.		√		
6.	√			
7.			√	
8.				√
9.	√			
10.		√		

Actividad B Listen and answer.
(STM, page 63) (Cassette 7B/CD 7, Track 23)

You are working at the financial desk of the newspaper *El País*. You have to answer calls about exchange rates. Use the information about exchange rates on your activity sheet to answer each question orally in the pause provided. You will have a few seconds to look over the chart.

1. ¿A cuántas pesetas está el Euro hoy?
   (166, 65.)
2. La peseta, ¿subió o bajo hoy respecto al Euro?
   (Bajó.)
3. Yo sé muy poco sobre los cambios. ¿Me podría decir cuál vale más, un franco francés, o un marco alemán?
   (Un marco alemán.)
4. El dólar, ¿cuál es el tipo de cambio para el dólar hoy, por favor?
   (140,40.)
5. ¿Cuántas pesetas me va a costar una libra esterlina?
   (233,77.)
6. ¿Ha bajado la peseta en valor respecto a todas las monedas?
   (No.)
7. Yo soy un multimillonario capitalista y necesito saber cómo anda Wall Street. ¿Subió o bajó el Dow Jones?
   (Subió.)
8. Yo soy un capitalista español y quiero saber cómo anda la Bolsa de Madrid. Sé que subió, pero, ¿me puede Ud. decir cuántos puntos subió?
   (17, 84.)

142 ෴ **¡Buen viaje! Level 2 Capítulo 12**

EL PAIS

CAMBIO y BOLSA

Portada   Intern   España   Opinión   Sociedad   Cultura   Gente   Deportes   Economía

---

LA PESETA (Cambio del día)

EURO... 166,65 (-0,15)

DÓLAR... 140,40 (-0,41)

MARCO... 85,00 (-0,01)

FRANCO FRANCÉS... 25,34 (+0,01)

LIBRA ESTERLINA... 233,77 (-1,89)

LA BOLSA (Cierre de sesión)

BOLSA DE MADRID... 789,49 (+17,84)

INDICE IBEX... 9.015,50 (+215,50)

DOW JONES... 8.706,15 (+114,05)

Accesos directos a otras páginas de Internet
(para volver a EL PAÍS Digital, pulsar *back* o *anterior* en su navegador)

BOLSA DE MADRID

- Índices bursátiles de la Bolsa de Madrid (cada 15 minutos)
- Índices nacionales e internacionales (al cierre)
- Gráfico del Indice General de la Bolsa de Madrid
- Tipos de interés

BOLSA DE BARCELONA

MEFF Renta Variable

Convertidor de monedas

 **Confidencial de Economía y Bolsa**

Look at the questions on your activity sheet as you listen to a newscast. Do not repeat.

El Ministerio de Comunicaciones anunció hoy una subida en los precios de los sellos. La diferencia más grande será en el franqueo para postales al exterior. Doña Susana Garamendi, la Ministra de Comunicaciones, dijo que la subida tendrá poco efecto en la economía personal de los ciudadanos porque casi todas las postales al exterior las mandan turistas extranjeros. El sello para postales por avión subirá de cien pesos a ciento cincuenta. Cartas de menos de cincuenta gramos subirán de doscientos a doscientos veinticinco pesos. Esto es para Europa y Norteamérica. Sellos para cartas y postales en el área nacional subirán un diez por ciento en todas las categorías.

Now listen to the newscast again and answer the questions on your activity sheet.

El Ministerio de Comunicaciones anunció hoy una subida, etc.

1. **The price for what item is going up?**

   stamps

2. **Where is the greatest increase?**

   overseas stamps for postcards

3. **Who is doña Susana Garamendi?**

   Minister of Communications

4. **Why won't the big increase affect most people?**

   Because most overseas postcards are sent by tourists.

5. **How much more will postcards for overseas cost?**

   50 pesos more

6. **How much more will overseas letters cost?**

   25 pesos more

7. **How much will postal rates for domestic mail increase?**

   10 per cent

CAPÍTULO **13**

¡Fiestas!

PRIMERA PARTE

Vocabulario

PALABRAS 1

 Actividad A Listen and repeat. (*Vocabulario, Palabras 1*—Textbook, pages 392–393) (*STM, page 65*) (*Cassette 8A/CD 8, Track 1*)

Listen and repeat after the speaker.

EL CUMPLEAÑOS
las velas
el pastel, la torta, el bizcocho

Anita nació el ocho de abril.
Su familia y sus amigos celebran su cumpleaños con una fiesta.
No hay duda que todos se divierten.
Anita se alegra de que todos sus parientes vengan a la fiesta.

¡Feliz cumpleaños!

LA BODA
la dama de honor
la novia
el novio
el padrino
¡Felicitaciones!
¡Enhorabuena!
Los novios acaban de casarse.

la orquesta
el regalo
La recepción es en un salón elegante.
Los novios reciben muchos regalos.

Actividad B Listen and choose.
(STM, page 65) (Cassette 8A/CD 8, Track 2)

Look at the illustrations on your activity sheet. You will hear several questions. Use the illustrations to answer each question orally in the pause provided.

1. ¿Qué preparó la mamá de Anita?
   (un pastel / una torta / un bizcocho de cumpleaños)
2. ¿Qué hay en la torta?
   (nueve velas)
3. ¿Cuántos años cumple Anita hoy?
   (9)
4. ¿Cuándo nació Anita?
   (el 7 de mayo)

1.　　　　　　2.　　　　　　3.　　　　　　4.

Actividad C Listen and choose.
(STM, page 65) (Cassette 8A/CD 8, Track 2)

Look at the words on your activity sheet. You will hear a series of definitions. Write the number of the definition next to the word it defines.

1. Es la ceremonia de matrimonio.
2. Es la señorita que se va a casar.
3. Es el hombre con quién ella se va a casar.
4. Esta señora o señorita es una amiga o pariente de la novia y le sirve durante la boda.
5. En la boda este señor está siempre al lado del novio. Es un buen amigo o pariente.
6. Es el grupo de músicos que tocan en una fiesta o recepción.
7. Es un objeto u otra cosa que se le da a una persona para su cumpleaños, su boda u otra ocasión.

__7__	**el regalo**	__6__	**la orquesta**
__5__	**el padrino**	__1__	**la boda**
__4__	**la dama de honor**	__2__	**la novia**
__3__	**el novio**		

Vocabulario

Actividad D Listen and repeat.   (*Vocabulario, Palabras 1*—Textbook, pages 396–397) (*STM, page 66*) (*Cassette 8A/CD 8, Track 3*)

Listen and repeat after the speaker.

NAVIDAD
el árbol de navidad
La Navidad es el veinticinco de diciembre.
¡Feliz Navidad!
Nochebuena es el veinticuatro de diciembre.

AÑO NUEVO
La Víspera de Año Nuevo (Nochevieja) es el treinta y uno de diciembre.
La gente celebra cuando el reloj da las doce.
Año Nuevo es el primero de enero, el primer día del año.
¡Próspero Año Nuevo!

LOS REYES MAGOS
el camello
los Reyes Magos
la paja
El seis de enero es el Día de los Reyes.
Los padres les dicen a los niños que pongan paja para los camellos
    en sus zapatos.
Los niños esperan que los Reyes les traigan regalos.
la menora
Hanuka es la fiesta de las luces.
Es una fiesta hebrea. La fiesta dura ocho días.
Durante la fiesta le piden al hijo mayor que encienda las velas de la menora.
La menora tiene nueve brazos.
¡Feliz Hanuka!

Actividad E Listen and choose.

(STM, page 66) (Cassette 8A/CD 8, Track 4)

Look at the illustrations on your activity sheet. You will hear a statement about each illustration. If the statement is accurate, circle **sí** on your activity sheet. If it is not accurate, circle **no**.

1. Es la Navidad.
2. Celebran Hanuka.
3. Son los Reyes Magos.
4. Es el Año Nuevo.
5. Es la Nochevieja.
6. Es el Día de los Reyes.

1. (sí) no

2. (sí) no

3. sí (no)

4. sí (no)

5. sí (no)

6. (sí) no

Actividad F Listen and choose.

(STM, page 66) (Cassette 8A/CD 8, Track 4)

You will hear several definitions, followed by three possible answers. Choose the correct answer and circle *a*, *b*, or *c* on your activity sheet.

1. Es la fiesta de las luces en la religión judía. ¿Qué es?
   a. El matrimonio.
   b. La Navidad.
   c. Hanuka.

2. Es el candelabro de nueve brazos. ¿Qué es?
   a. La menora.
   b. La vela.
   c. El pastel.

3. Es lo que comen los camellos. Los niños lo ponen en sus zapatos el 6 de enero. ¿Qué es?
   a. La vela.
   b. La paja.
   c. El árbol.

4. Es lo que se ponen en una torta de cumpleaños y también en una menora. ¿Qué son?
   a. Candelabros.
   b. Velas.
   c. Regalos.

5. Es el día en que reciben regalos los niños hispanos. ¿Qué es?
   a. El primero de enero.
   b. El seis de enero.
   c. El veinticuatro de diciembre.

6. Es lo que decoran las familias norteamericanas para Navidad. ¿Qué es?
   a. El árbol.
   b. La paja.
   c. El regalo.

1. a   b   (c)

2. (a)   b   c

3. a   (b)   c

4. a   (b)   c

5. a   (b)   c

6. (a)   b   c

STUDENT TAPE MANUAL, TEACHER EDITION
Copyright © Glencoe/McGraw-Hill

¡Buen viaje! Level 2 Capítulo 13 ⌒ᗡ 149

Estructura

Actividad A Listen and answer.
(STM, page 66) (Cassette 8A/CD 8, Track 5)

You will hear several questions. Use the cues on your activity sheet to answer each question orally in the pause provided. First listen to the example.

Example: *(You hear)* ¿Qué te aconseja el médico?
  (You see) dormir más
  (You say) Me aconseja que duerma más.

1. ¿Qué te aconseja el médico?
   (Me aconseja que duerma más.)
2. ¿Qué te sugiere el director?
   (Me sugiere que vuelva mañana.)
3. ¿Qué te pide la señora Díaz?
   (Me pide que cierre la puerta.)
4. ¿Qué te exige el jefe?
   (Me exige que sirva a los clientes.)
5. ¿Qué te ruega don Manuel?
   (Me ruega que encuentre el pasaporte.)
6. ¿Qué te recomienda la profesora?
   (Me recomienda que repita la lección.)

1. **dormir más**	4. **servir a los clientes**
2. **volver mañana**	5. **encontrar el pasaporte**
3. **cerrar la puerta**	6. **repetir la lección**

Actividad B Listen and answer.
(STM, page 67) (Cassette 8A/CD 8, Track 6)

You will hear several statements. Respond to each one orally in the pause provided. First listen to the example:

Example: *(You hear)* Ramón se casa hoy.
  (You say) Dudo que Ramón se case hoy.

1. Teresa y Ramón son novios.
   (Dudo que Teresa y Ramón sean novios.)
2. Ellos se casan hoy.
   (Dudo que ellos se casen hoy.)
3. Los padres están muy contentos.
   (Dudo que los padres estén muy contentos.)
4. Ellos invitan a muchos amigos.
   (Dudo que ellos inviten a muchos amigos.)
5. Los novios reciben muchos regalos.
   (Dudo que los novios reciban muchos regalos.)
6. Viajan a Europa mañana.
   (Dudo que viajen a Europa mañana.)

You will hear several statements. Use the cues on your activity sheet to respond to each statement orally in the pause provided. First listen to the examples.

Example: *(You hear)*   Los muchachos llegan hoy.
          (You see)   es verdad
          (You say)   Es verdad que los muchachos llegan hoy.

Example: *(You hear)*   Los muchachos llegan hoy.
          (You see)   es dudoso
          (You say)   Es dudoso que los muchachos lleguen hoy.

1. Los muchachos llegan hoy.
   (Creo que los muchachos llegan hoy.)
2. Ellos vienen en carro.
   (No creo que vengan en carro.)
3. Salen a las ocho.
   (Dudo que salgan a las ocho.)
4. Virginia maneja.
   (Dudo que Virginia maneje.)
5. Viajan por la autovía.
   (Es cierto que viajan por la autovía.)
6. Conocen la ruta.
   (Estoy segura que conocen la ruta.)
7. Se quedan en un hotel.
   (No creo que se queden en un hotel.)
8. Comen allí.
   (No dudo que comen allí.)

1. **creo**

2. **no creo**

3. **dudo**

4. **dudo**

5. **es cierto**

6. **estoy segura**

7. **no creo**

8. **no dudo**

Actividad D **Listen and answer.**

(STM, page 67) (Cassette 8A/CD 8, Track 8)

You will hear several statements. Use the cues on your activity sheet to respond to each statement orally in the pause provided.

1. Hay cien alumnos en la clase de español.
   (Dudo que haya cien alumnos en la clase de español.)
2. La escuela tiene veinte pisos.
   (Es cierto que la escuela tiene veinte pisos.)
3. Todos los profesores son buenos.
   (Dudo que todos los profesores sean buenos.)
4. El equipo de fútbol juega muy bien.
   (Dudo que el equipo de fútbol juegue muy bien.)
5. Todos los alumnos estudian mucho.
   (Es cierto que todos los alumnos estudian mucho.)
6. Todos reciben buenas notas.
   (Dudo que todos reciban buenas notas.)
7. La comida en la cafetería es excelente.
   (Es cierto que la comida en la cafetería es excelente.)
8. Dan películas en clase todos los días.
   (Es cierto que dan películas en clase todos los días.)
9. Dormimos en clase.
   (Dudo que durmamos en clase.)

1. **dudo**

2. **es cierto**

3. **dudo**

4. **dudo**

5. **es cierto**

6. **dudo**

7. **es cierto**

8. **es cierto**

9. **dudo**

STUDENT TAPE MANUAL, TEACHER EDITION
Copyright © Glencoe/McGraw-Hill

Conversación

Actividad E Listen.   (*Conversación*—Textbook, page 408)
(STM, page 67) (Cassette 8A/CD 8, Track 9)

Listen to the conversation. Do not repeat.

Año Nuevo

RAMÓN: Yolanda, ¿qué vas a hacer para Año Nuevo?
YOLANDA: ¿Año Nuevo? Estaré durmiendo. Pero Nochevieja voy a una fiesta.
RAMÓN: Me alegro de que vayas a una fiesta. Yo me quedaré en casa.
YOLANDA: ¿Por qué, Ramón? ¿Qué pasa?
RAMÓN: Pues, invité a Cristina a ir a la fiesta de Luis Miguel y ella me dijo que no podía.
YOLANDA: Claro que no podía. Ella no puede ir contigo porque va con Antonio.
RAMÓN: ¡Pero Antonio es tu novio! Es imposible que Cristina vaya con él.
YOLANDA: Pues, imposible o no, es verdad. Créeme. ¡Oye, tengo una idea!
RAMÓN: No es necesario que me digas. Ya lo sé. Y es excelente idea. ¡Vamos tú y yo a la fiesta!
YOLANDA: Muchas gracias por la invitación. Acepto.

Actividad F Listen and choose.
(STM, page 67) (Cassette 8A/CD 8, Track 9)

You will hear several statements about the conversation you just heard. If the statement makes sense, circle **sí** on your activity sheet. If it does not make sense, circle **no**.

1. Yolanda va a dormir el día del Año Nuevo.
2. Pero va de fiesta en Nochevieja.
3. Luis Miguel da la fiesta.
4. Yolanda va a la fiesta con Antonio.
5. Ramón quería ir a la fiesta con Cristina.
6. Ramón cree que es imposible que Cristina vaya a la fiesta con Antonio.
7. Antonio y Yolanda eran novios.
8. Yolanda sugiere que ella y Ramón vayan a la fiesta.

1. (sí)   no

2. (sí)   no

3. (sí)   no

4. sí   (no)

5. (sí)   no

6. (sí)   no

7. (sí)   no

8. (sí)   no

SEGUNDA PARTE

Actividad A Listen and answer.
(STM, page 67) (Cassette 8A/CD 8, Track 10)

Look at the advertisement on your activity sheet. You are the sales agent for *Salones Elegancia*. Use the ad to answer customers' inquiries orally with one or two words in the pauses provided. Take a few moments to look over the ad.

1. Mi hija se casa en junio. ¿Ofrecen Uds. banquetes de bodas?
   (Sí.)
2. ¿Cómo es el ambiente allí?
   (Tranquilo y agradable.)
3. ¿Dónde podemos tener el banquete si hace buen tiempo en junio?
   (Al aire libre en nuestros preciosos jardines.)
4. ¿Para cuántas personas es el salón más grande?
   (Doscientas personas.)
5. ¿En qué año se establecieron Uds.?
   (1970.)
6. ¿Tienen Uds. en donde estacionar los carros?
   (Sí, tenemos un aparcamiento para cien carros.)
7. ¿Cuánto cuesta el aparcamiento?
   (Es gratis.)
8. Me gustaría comunicar por fax. Si tienen fax, ¿cuál es el número?
   (El número es 22-31-41.)

SALONES ELEGANCIA es el lugar perfecto para fiestas elegantes. Para banquetes y todo tipo de fiestas no hay mejor. Desde 1970 es el favorito de los novios para sus recepciones. El ambiente es tranquilo y agradable. En primavera y verano les ofrecemos los banquetes al aire libre en nuestros preciosos jardines. Hay salones para doce o doscientas personas. Tenemos un aparcamiento para hasta cien carros. Y el aparcamiento es gratis.

Puede llamarnos al 22-31-40 o, si prefieren, pueden mandarnos un fax al 22-31-41.

You will hear a TV announcer describing several occasions. After each one, decide what the occasion is and circle *a*, *b*, or *c* on your activity sheet.

1. Ella lleva un antiguo traje de novia. El mismo traje que llevaba su madre cuando ella se casó. Ahora comienza la marcha nupcial.
2. La joven está preciosa. Los padres le han ofrecido una fiesta elegante a su adorada quinceañera. El salón está bellamente decorado. Los camareros están sirviendo el bizcocho con quince velas a los invitados. La quinceañera lleva un precioso traje de gala.
3. Los niños se han acostado. El árbol está decorado y los regalos están debajo del árbol. Los niños se han comportado muy bien y saben que recibirán muchos regalos.
4. Uno de los hijos menores está encendiendo las velas del candelabro de nueve brazos. Es parte de la celebración de la fiesta de las luces.
5. Los pequeños han llenado sus zapatitos de paja y los han puesto frente a sus puertas. Ellos creen poder oír a los camellos. Saben que mañana por la mañana no van a ver paja en los zapatos, van a ver regalos.
6. El reloj de la torre del edificio de la Gobernación está tocando las doce. La gente en la Puerta del Sol va comiendo las uvas una por una cada vez que suena el reloj. ¡Las doce! ¡Qué alegría!

1. a. **Navidad** (b.) **una boda** c. **un cumpleaños**

2. (a.) **un cumpleaños** b. **una boda** c. **Navidad**

3. a. **Hanuka** (b.) **Navidad** c. **Año Nuevo**

4. a. **Año Nuevo** b. **Navidad** (c.) **Hanuka**

5. a. **un cumpleaños** (b.) **el Día de los Reyes** c. **una boda**

6. (a.) **Año Nuevo** b. **Navidad** c. **el Día de los Reyes**

Actividad C Listen and choose.
(STM, page 68) (Cassette 8A/CD 8, Track 12)

Listen to the radio gossip columnist, Beatriz Buenaventura, and match the couples on your activity sheet.

Mariana Solís vuelve con su programa en el canal cuatro «Mis Grandes Amores». También en el programa figura Rocío Valbuena. Rocío será la madrina de boda para Mariana que se casa este junio. Y, ¿quién es el galán con quien se casa nuestra gran amiga Mariana? Nada menos que Juan Antonio Manrique, el torero, «el Terremoto de Málaga».

Otras bodas que llamarán la atención del público en los próximos días son las siguientes: La de Miriam Torres y Manuel Ugarte. Manuel es director de cine en Nueva York. Miriam es cantante. La de Sofía Restrepo con Felipe Durán. El enlace será el próximo día 8 de octubre en el Palacio de los Duques de Monzón. Allí habrá un gran baile para invitar a todos sus amigos, porque la ceremonia será muy íntima, con sólo la presencia de la familia. Y quizá dentro de poco se anunciará el compromiso de la gran actriz Gloria Casares con el ídolo de los fanáticos del béisbol latino, Francisco «Pucho» Flores.

__c__	1. **Mariana Solís**	a.	**Manuel Ugarte**
__a__	2. **Miriam Torres**	b.	**Francisco «Pucho» Flores**
__d__	3. **Sofía Restrepo**	c.	**Juan Antonio Manrique**
__b__	4. **Gloria Casares**	d.	**Felipe Durán**

Actividad D Listen and write.
(STM, page 68) (Cassette 8A/CD 8, Track 12)

Listen to Beatriz Buenaventura again and answer the questions on your activity sheet with one or two words.

Mariana Solís vuelve con su programa en el canal cuatro, etc.

Now complete your answers.

1. **¿Quién será la madrina de boda de Mariana Solís?**
   Rocío Valbuena

2. **¿Cuál es la profesión de Juan Antonio Manrique?** torero

3. **¿Dónde trabaja Manuel Ugarte?** Nueva York

4. **¿En qué mes se casa Sofía Restrepo?** octubre

5. **¿Qué habrá en el palacio de los Duques de Monzón?**
   el enlace de Sofía Restrepo y Felipe Durán

6. **¿Cómo será la ceremonia nupcial de Sofía Restrepo?** muy íntima

7. **¿Qué hace «Pucho» Flores?** juega béisbol

CAPÍTULO 14

Profesiones y oficios

PRIMERA PARTE

Vocabulario   PALABRAS 1

 Actividad A Listen and repeat.   (*Vocabulario, Palabras 1*—Textbook, pages 424–425) (*STM, page 69*) (*Cassette 8B/CD 8, Track 13*)

Listen and repeat after the speaker.

LA OFICINA
el secretario
la contable
la programadora de informática
el gerente

LA TIENDA
la cajera
el comerciante

EL GOBIERNO MUNICIPAL
el funcionario
el alcade
la alcadía

LA CORTE
el juez
el tribunal
la abogada
el bufete del abogado

OTRAS PROFESIONES
la ingeniera
el arquitecto

ALGUNOS OFICIOS
el electricista
el plomero, el fontanero
la carpintera
el albañil

Los oficios son los trabajos de
   especialistas como plomeros y carpinteros.
Estos especialistas tienen que tener (poseer) un talento.

Las profesiones son los trabajos que requieren un título universitario.
Es necesario que los profesionales tengan un título universitario.

Los comerciantes se dedican a la compra y venta de mercancía.
Quieren que sus clientes compren mucho.
¡Ojalá estén satisfechos!

Actividad B Listen and choose.

(STM, page 69) (Cassette 8B/CD 8, Track 14)

Look at the illustrations on your activity sheet. You will hear several questions. Use the illustrations to answer each question orally in the pause provided.

1. ¿Qué es este señor?
   (Es cajero.)
2. Y esta señora, ¿cuál es su profesión?
   (Es ingeniera.)
3. ¿Qué es esta señora?
   (Es juez.)
4. Y este señor, ¿cuál es su profesión?
   (Es abogado.)
5. ¿Qué es esta señora?
   (Es contable.)

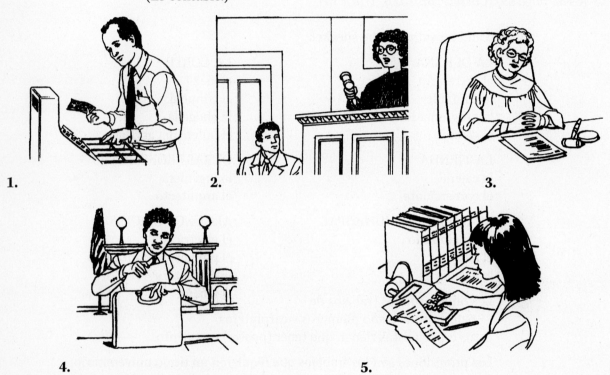

1. 2. 3.

4. 5.

Actividad C Listen and choose.

(STM, page 70) (Cassette 8B/CD 8, Track 14)

You will hear several questions. After each question, decide where the person works and check the appropriate column on your activity sheet.

1. ¿Dónde trabaja el albañil?
2. ¿Dónde trabaja la abogada?
3. El programador de informática, ¿dónde trabaja?
4. ¿Dónde trabaja el comerciante?
5. ¿Dónde trabaja el juez?
6. Y el carpintero, ¿dónde trabaja?
7. ¿Dónde trabaja una electricista?
8. Y el secretario, ¿dónde trabaja?
9. ¿Dónde trabaja el contable?

	LA OFICINA	LA CORTE	LA CONSTRUCCIÓN	LA TIENDA
1.			√	
2.	√	√		
3.	√			
4.				√
5.		√		
6.			√	
7.			√	
8.	√	√		
9.	√			

Vocabulario

PALABRAS 2

Actividad D Listen and repeat.   (*Vocabulario, Palabras 2*—Textbook, pages 428–429)
(*STM, page 70*) (*Cassette 8B/CD 8, Track 15*)

Listen and repeat after the speaker.

EN BUSCA DE UN PUESTO
Jorge está buscando un puesto que sea interesante.
Quiere que le paguen bien.
Es posible que vea un anuncio en el periódico.
¡Quizás encuentre algo que le interese!

Jorge no quiere trabajar a tiempo completo (cuarenta horas por semana).
Quizás le ofrezcan un trabajo a tiempo parcial.

el departamento de recursos humanos (personal)
la solicitud de empleo

Catalina busca un puesto también.
Ella llena una solicitud de empleo.

la entrevistadora
el candidato, el aspirante
El candidato tiene una entrevista.
La entrevistadora le hace preguntas.
¡Ojalá (que) conteste bien a las preguntas!
Es posible que esté un poco nervioso.
Quizás esté nervioso durante la entrevista.

Actividad E Listen and answer.
(STM, page 70) (Cassette 8B/CD 8, Track 16)

You will hear several questions. Use the cues on your activity sheet to answer each question orally in the pause provided.

1. ¿Qué busca la aspirante?
   (Busca un puesto interesante.)
2. ¿Busca trabajo a tiempo completo?
   (No, busca trabajo a tiempo parcial.)
3. ¿En qué departamento está?
   (Está en el Departamento de Recursos Humanos.)
4. ¿Qué tiene que llenar?
   (Tiene que llenar una solicitud.)
5. ¿Qué tiene ahora?
   (Tiene una entrevista ahora.)
6. ¿Qué le hace la entrevistadora?
   (Le hace muchas preguntas.)

1. **un puesto interesante**

2. **no, tiempo parcial**

3. **Recursos Humanos**

4. **una solicitud**

5. **una entrevista**

6. **muchas preguntas**

Actividad F Listen and answer.
(STM, page 70) (Cassette 8B/CD 8, Track 16)

You will hear several questions about yourself. Answer each question orally in the pause provided. Since there is more than one correct answer for each question, you will not hear any recorded responses.

1. ¿Tú trabajas?
2. ¿Dónde trabajas?
3. ¿Trabajas a tiempo completo o a tiempo parcial?
4. ¿Te pagan bien?
5. ¿Qué te gusta de tu trabajo?
6. ¿Qué trabajo te gustaría tener en el futuro?

Estructura

Actividad A Listen and answer.
(STM, page 71) (Cassette 8B/CD 8, Track 17)

You will hear several statements. Respond to each one orally in the pause provided. First listen to the example.

Example: *(You hear)* Papá quiere que tú llenes la solicitud.
           (You say) Bien. Porque quiero llenar la solicitud.

1. Papá quiere que tú llenes la solicitud.
   (Bien. Porque quiero llenar la solicitud.)
2. Él quiere que vayas a la oficina.
   (Bien. Porque quiero ir a la oficina.)
3. Él quiere que encuentres un puesto interesante.
   (Bien. Porque quiero encontrar un puesto interesante.)
4. Y él quiere que recibas un salario bueno.
   (Bien. Porque quiero recibir un salario bueno.)
5. Y también quiere que estés contenta.
   (Bien. Porque quiero estar contenta.)

Actividad B Listen and answer.
(STM, page 71) (Cassette 8B/CD 8, Track 18)

You will hear several questions. Answer each one orally in the pause provided. First listen to the example.

Example: *(You hear)* ¿Quieres trabajar hoy?
           (You say) No. Prefiero que tú trabajes hoy.

1. ¿Quieres llenar la solicitud?
   (No. Prefiero que tú llenes la solicitud.)
2. ¿Quieres contestar las preguntas?
   (No. Prefiero que tú contestes las preguntas.)
3. ¿Quieres visitar la oficina?
   (No. Prefiero que tú visites la oficina.)
4. ¿Quieres hablar con la directora?
   (No. Prefiero que tú hables con la directora.)
5. ¿Quieres asistir a la reunión?
   (No. Prefiero que tú asistas a la reunión.)
6. ¿Quieres conseguir el puesto?
   (No. Prefiero que tú consigas el puesto.)

Actividad C Listen and answer.

(STM, page 71) (Cassette 8B/CD 8, Track 19)

You will hear several questions. Answer each question orally in the pause provided. First listen to the example.

Example: *(You hear)*   ¿Vas a encontrar trabajo?
          (You say)   ¡Ojalá que encuentre trabajo!

1. ¿Vas a encontrar trabajo?
   (¡Ojalá que encuentre trabajo!)
2. ¿Te van a dar una entrevista?
   (¡Ojalá que me den una entrevista!)
3. ¿Vas a viajar mucho?
   (¡Ojalá que viaje mucho!)
4. ¿Te van a pagar bien?
   (¡Ojalá que me paguen bien!)
5. ¿Vas a tener vacaciones largas?
   (¡Ojalá que tenga vacaciones largas!)
6. ¿Vas a recibir muchos beneficios?
   (¡Ojalá que reciba muchos beneficios!)

Actividad D Listen and answer.

(STM, page 71) (Cassette 8B/CD 8, Track 20)

You will hear several questions. Answer each question orally in the pause provided. First listen to the example.

Example: *(You hear)*   ¿Va a venir Alicia?
          (You say)   No sé. Quizá venga.

1. ¿Va a venir Alicia?
   (No sé. Quizá venga.)
2. ¿Va a llegar a tiempo?
   (No sé. Quizá llegue a tiempo.)
3. ¿Va a tomar el tren exprés?
   (No sé. Quizá tome el tren exprés.)
4. ¿Va a quedarse con nosotros?
   (No sé. Quizá se quede con nosotros.)
5. ¿Va a solicitar empleo en la fábrica?
   (No sé. Quizá solicite empleo en la fábrica.)
6. ¿Le va a gustar el trabajo?
   (No sé. Quizá le guste el trabajo.)

Actividad E Listen and answer.
(STM, page 71) (Cassette 8B/CD 8, Track 21)

You will hear several questions. Use the cues on your activity sheet to answer each question orally in the pause provided. First listen to the examples.

Examples: *(You hear)* ¿Qué busca el director?
(You see)   secretaria / hablar / inglés
(You say)   Busca una secretaria que hable inglés.

(You hear) ¿Qué tiene el director?
(You see)   secretaria / hablar / inglés
(You say)   Tiene una secretaria que habla inglés.

1. ¿Qué busca el director?
   (Busca una secretaria que hable inglés.)
2. ¿Qué tiene el director?
   (Tiene una secretaria que habla inglés.)
3. ¿Qué necesita la compañía?
   (Necesita un técnico que sepa programar.)
4. ¿Qué tiene la compañía?
   (Tiene un técnico que sabe programar.)
5. ¿Qué busca el alcalde?
   (Busca un ingeniero que tenga experiencia.)
6. ¿Qué tiene el alcalde?
   (Tiene un ingeniero que tiene experiencia.)

1. **secretaria / hablar / inglés**

2. **secretaria / hablar / inglés**

3. **técnico / saber / programar**

4. **técnico / saber / programar**

5. **ingeniero / tener / experiencia**

6. **ingeniero / tener / experiencia**

Conversación

Actividad F Listen. *(Conversación—Textbook, page 436)*
(STM, page 71) (Cassette 8B/CD 8, Track 22)

Listen to the conversation. Do not repeat.

Planes para el futuro

LORENZO: ¿Piensas asistir a la universidad, Alejandra?
ALEJANDRA: Sí, Lorenzo. Tengo muy buenas notas y me gustan los estudios académicos.
LORENZO: ¿Tienes una idea de lo que quieres hacer?
ALEJANDRA: No sé exactamente. Quizás me especialice en comercio o marketing.
LORENZO: Son dos campos interesantes.
ALEJANDRA: Creo que me gustaría trabajar con una empresa multinacional. Quiero un puesto que me permita viajar.
LORENZO: Entonces es importante que continúes con tus estudios del español. ¡Ojalá tengas mucha suerte en tu carrera!
ALEJANDRA: Gracias.

You will hear several statements about the conversation you just heard. If the statement is true, circle **sí** on your activity sheet. If it is not true, circle **no**.

1. Alejandra piensa ir a la universidad.
2. Sus notas no son muy buenas.
3. Le gustan los estudios académicos.
4. No le gusta el comercio ni el marketing.
5. A Alejandra le interesa viajar.
6. Le gustaría trabajar con una compañía multinacional.
7. Lorenzo cree que ella debe seguir estudiando el español.

1. (sí) no   3. (sí) no   5. (sí) no   7. (sí) no

2. sí (no)   4. sí (no)   6. (sí) no

SEGUNDA PARTE

Actividad A   Listen and choose.
(STM, page 72) (Cassette 8B/CD 8, Track 23)

Look at the illustrations on your activity sheet. You will hear several short conversations. Write the number of the conversation under the corresponding illustration.

1. —Ramírez, mande un fax a la compañía Velarde. La maquinaria que pedimos todavía no ha llegado. Si no la recibimos en dos días cancelaremos el contrato.
   —Conforme, señora. ¿Algo más?
   —No, nada. Oh, sí. Dígale a Marta que venga. Quiero dictar unas cartas.
2. —Escalpelo. Suturas. Bien. Ya está cerrada la herida. Le va a quedar una cicatriz. ¿Cómo anda la anestesia?
   —Sin problema, doctora. Todo normal.
3. —Te ha salido estupendo el cuadro, Rafael. Los colores son maravillosos. ¿Qué es lo que haces?
   —La técnica es mía. Nadie más lo hace. ¿Qué te parecen las figuras? ¿Como vivas, no? Pero no es como una mera fotografía. Aquí casi puedes ver el espíritu de la persona a quien pinto.
4. —Su señoría, mi cliente no es culpable del crimen. La policía ha arrestado a una persona totalmente inocente. La noche del robo estaba en la iglesia, como de costumbre.
   —Señor fiscal, ¿qué nos dice Ud.?
   —Su señoría, la cliente de mi estimado colega tiene ya un historial de crímenes bastante largo. Ya se le ha condenado seis veces por robo y hurto. Hace sólo dos semanas que salió de la cárcel después de haber cumplido una pena de año y medio.
5. —¿Algo más, señora?
   —Pues, sí. Quiero media docena de camisas para mi esposo. Blancas, de manga larga. Número 16. De puro algodón, nada de telas sintéticas.
   —Cómo no, señora. Con mucho gusto. Éstas son de excelente calidad. Seguro que le gustarán.

6. —Carlos, apaga el agua y dame aquellos tubos. Tengo que cambiar el tubo del agua caliente.

   —Aquí los tiene, Beatriz. ¿Qué más necesitas?

   —Ah, dame el soldador, y los grifos para el lavabo y la bañera.

7. —Nos interesa tener mucha luz en toda la casa. Y como le dije, esperamos tener una salida a la terraza desde el comedor.

   —Los planes que le he preparado contienen puertas grandes para acceso a la terraza. En cuanto a la luz, verá Ud. que he incluido claraboyas en todos los techos que permiten entrar la luz solar. Estos planes son preliminares.

   —Si me permite llevar los planes a casa los discutiré con mi esposa.

8. —Tape esas ollas, Nicanor. Y baje el fuego. No queremos quemarlo todo.

   —Enseguida, jefe. Ya hemos hervido las cebollas y están listas para agregar al potaje.

   —Ya pueden ir picando el ajo y los pimientos. Recuerden, esta noche vienen los críticos del periódico. Esta comida tiene que ser una obra de arte.

7

4

8

3

2

1

5

6

Actividad B Listen and choose.
(STM, page 73) (Cassette 8B/CD 8, Track 24)

Look at the ads for training programs on your activity sheet. You are working for CEDECO, a training organization. Several callers will inquire about the programs available. Write the number of the caller under the program most suitable for him or her. Take a few moments to look over the ads.

1. Siempre he tenido mucho interés en sacar fotos. Yo quisiera ser profesional en ese campo. ¿Tienen Uds. algún programa para una persona que quiere ser fotógrafo profesional?

2. Los estudios académicos no me interesan, pero sí me interesan los motores. Yo paso horas arreglando los carros y las motos de mis amigos y familares. Me gustaría especializarme en esto. ¿Hay un programa para mí?

3. Me han dicho que hay un gran futuro en la fontanería, dada toda la construcción que se está llevando a cabo en la ciudad. Mi tío es fontanero y yo le he ayudado en su trabajo con cobre, hierro y plomo. ¿Qué me recomienda?

4. Ojalá haya un programa de preparación para azafatas o asistentes de vuelo. A mí me encanta viajar por avión. Poder trabajar en aviones sería una ilusión para mí. Espero que tengan un progama apropiado.

5. Lo que más me interesa es prepararme para un puesto muy seguro, un trabajo para toda la vida. Creo que trabajar para el gobierno en los correos es de los más seguro. ¿Tienen Uds. un programa que prepare a la gente para trabajar en correos?

6. Quiero ser electricista. Ha sido algo que siempre me ha gustado. Sé bastante de lo teórico. Lo que necesito es la práctica con expertos en la materia. ¿Qué tienen Uds.?

7. Soy estudiante universitario. Me interesa mucho un puesto de tiempo parcial. Tengo entendido que hay muchos puestos para vigilantes de seguridad. Lo bueno es que las horas son muy flexibles y eso me permitiría seguir mis estudios. ¿Tienen Uds. un programa para la preparación de vigilantes de seguridad?

6

5

4

7

1

2

3

Actividad C Listen and choose.

(STM, page 74) (Cassette 8B/CD 8, Track 25)

You will hear several speakers describing what they do. After each one, decide what he or she does and circle *a*, *b*, or *c* on your activity sheet.

1. Voy a sembrar más tomates este año. El año pasado compraron todos los que llevé al mercado. Espero que tengamos bastante lluvia para una buena cosecha.
2. Encontré el problema con el agua del baño. Se había metido mucho pelo en el desagüe, y el agua no podía pasar. Lo limpié bien. No creo que tendrá más problema por ahora. Pero Ud. no debe dejar que se acumule el pelo en el desagüe o el problema ocurrirá de nuevo.
3. He revisado todos los estados financieros, las cuentas por cobrar y por pagar. Todo parece estar en orden. Los impuestos han subido un poco y tendrá que apartar fondos para ello. Los ingresos siguen bien. La compañía es muy rentable.
4. Estoy usando un nuevo sistema de autor. La nueva computadora tiene muchísima más memoria, y numerosas funciones. Pero hay que tener cuidado con los disquetes. Son bastante delicados.
5. Ramón, acércame uno de esos tablones, el martillo y los clavos. Los tablones están todos cortados ¿o no? Quiero el hacha también. Cuando terminemos con las ventanas, subiremos al techo.
6. Oiga, jefe. Tengo que ir al baño. Mande a alguien a cuidar de la máquina. Está funcionando bien, pero debe darle más lubricante si empieza a calentarse. Las piezas están en la caja. Volveré en cinco minutos.
7. Si Uds. quieren una licencia para abrir un restaurante, tendrán que pagar la cuota del municipio y también someter el establecimiento a una inspección por un agente del departamento de sanidad. Favor de llenar estos formularios y llevarlos a esa ventanilla. Allí pueden pagar la cuota.

1. (a.) agricultor   b. profesor   c. médico
2. a. juez   (b.) plomero   c. dentista
3. a. electricista   (b.) contable   c. obrero
4. a. abogado   (b.) programador de informática   c. médico
5. a. técnico de laboratorio   (b.) carpintero   c. obrero
6. a. contable   b. plomero   (c.) obrero
7. (a.) funcionario   b. secretario   c. juez